ORIGINAL POINT PSYCHOLOGY 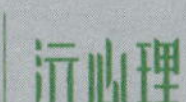

李子勋经典书系·亲子家教

读懂孩子

李子勋◎著

华龄出版社
HUALING PRESS

图书在版编目（CIP）数据

读懂孩子 / 李子勋著 . -- 北京：华龄出版社，2023.3

ISBN 978-7-5169-2489-1

Ⅰ . ①读… Ⅱ . ①李… Ⅲ . ①亲子教育 Ⅳ . ① G781

中国国家版本馆 CIP 数据核字（2023）第 089552 号

策划编辑 颉腾文化

责任编辑 王慧　　责任印制 李未圻

书　　名 读懂孩子

作　　者 李子勋

出　　版 发　　行 华龄出版社 HUALING PRESS

社　　址 北京市东城区安定门外大街甲 57 号　　邮　　编 100011

发　　行（010）58122255　　传　　真（010）84049572

承　　印 文畅阁印刷有限公司

版　　次 2023 年 6 月第 1 版　　印　　次 2023 年 6 月第 1 次印刷

规　　格 880mm × 1230mm　　开　　本 1/32

印　　张 9　　字　　数 156 千字

书　　号 978-7-5169-2489-1

定　　价 69.00 元

本书赞誉

（排名不分先后）

子勋是国内现当代心理咨询与治疗最早的践行者与推动者之一。更难能可贵的是，他不仅术业有专攻，对系统式和后现代家庭治疗有独到的见解和实践经历，且培养了一批早期的家庭治疗师。同时他在普及心理健康知识，尤其是亲子关系和亲子教育等领域也卓有建树，这套书就是见证。

——中国心理卫生协会家庭治疗学组原组长　陈向一

李子勋医生是“中德班”一期最有影响力的家庭治疗学组学员。他对系统思维的热爱和悟性，使他在家庭治疗中国化的进程中勇立潮头、勤于实践，并通过重要媒体让家庭治疗家喻户晓。作为同道中人，我为他这套遗著中的才情骄傲！

——德中心理治疗研究院名誉主席、中国心理卫生协会副理事长　赵旭东广泛阅读、深入思考、创意实践、执着笔耕是李子勋从业多年的突出特点。在跟子勋一起学习、阅读、咨询、教学和切磋的过程中，我为他严谨的学习态度、广阔的思考维度、灵动的实践手法和宏大的书写叙事方式所折服。他对中国心理学服务社会和民众的进程起到了推动作用，也对我个人的发展起到了榜样的引领作用、朋友的支持作用。相信他的遗著会继续对心理学行业的发展、从业者的成长产生深远影响。

——中国社会心理学会婚姻与家庭心理学专业委员会副主任委员、德中心理治疗研究院副主席　刘丹

子勋是个奇人，也是一个凡人。他既有长者的睿智，也有孩子的童真。在他身上，清纯与深刻融合，传统与现代汇通。子勋是医生出身，投身心理学，涉猎哲学、教育学、社会学等诸多领域。他以家庭治疗发端，潜心实践于心理治疗技术，后又在后现代领域深耕。读他的书，像与他对谈，温和的话语犹在耳边，清朗的形象跃然纸上；读他的书，就是自我觉察和自我成长的过程。愿读者读子勋的书，做更好的自己、做更好的父母。

——首都医科大学临床心理学系学术委员会主任、教授、博士生导师　杨凤池

子勋的书饱含智慧，平和而睿智温情又直指人心。他是中国心理学界的思想者、心理健康科普的先行者，更是临床实践的探索者。本书系是他留给我们的宝贵财富，可在个人成长、亲密关系、职场、育儿等方面，为我们答疑解惑。

——中国心理学会婚姻家庭心理与咨询专业委员会副主任委员、同济大学附属东方医院临床心理科主任医师　孟馥

这是一位温暖的心理咨询师写出的智慧话语，是我直到今天所看到的最合乎道家思想的心理咨询。没有强求与说教，只有尊重和关怀。子勋虽人已离世，但他的著作还在继续助益着更多的人。希望读者不要错过这套好书。

——中国社工联合会心理健康工作委员会意象对话学部主任、中国社会心理学会生态与环境心理学专业委员会副主任委员　朱建军

读子勋的书，不免让人想起子勋其人，我的脑中不期而然地跳出这些词汇：哲人、文人、心理学人、生活中的人。他就像是他自己常说的“混沌体”，浑然天成，在世间呈现出独特的“自组织”状态，为无数心灵带来清新和扰动。

——中国社会心理学会婚姻与家庭心理学专业委员会主任委员、北京大学临床心理中心常务副主任　唐登华

很幸运，我们这个时代曾拥有过李子勋老师这样一位对寂寞人心总是能送来慈悲慰藉的心理大师。李老师于我，是亦师亦友的前辈，是我心理咨询师生涯之路的领路人，也是无数人心灵泥淖中的灯塔，他曾点亮过我们，也期冀借由这套书，我们能从中汲取力量与智慧，去点亮更多的人。

——家庭治疗学派知名心理专家　青音

李子勋老师把心理学理论变成人们可以感受到的心态和情绪，既有专业的力量，也有人性的呵护，从而更好地提供心理帮助。李子勋老师的经典书系就像他本人一样温和地滋养你的心田，让你不知不觉就发生了变化。我喜欢这样的方式，它让我积极地看见自己。

——中央电视台《心理访谈》节目主持人　阿果

推荐总序一

妙不可言

在多难与兴邦之间，无数人才凋零。幸运的是，许多领域在历经浩劫之后仍有种子一般的少数卓越人物幸存，使得该领域在外环境好转之后，得以迅速复原和发展。

在中国心理咨询及相关领域，李子勋就是这样一个人物。

公众熟知李子勋，先是因为中央电视台的节目《心理访谈》。在这个节目里，他将漫长而艰难的心理干预过程凝缩在很短的时间里，展示了非凡的勇气和功力。节目持续数年不间断地播出，至少产生了三个效果：一是让很多人知道，自己如果有了心理上的问题是“求助有门”的；二是不少专业人员通过看这个节目学习心理咨询技术，这虽然不是正规的学习途径，但在那个专业培训机会稀少的年代，总比不学习要好；三是把许多年轻人带入了心理咨询这个行业，扩大了专业队伍。

后来，大家在《心理月刊》杂志上更多地知道了李子勋，这次是通过他的文字。每一期《心理月刊》的封面上都有他的专栏“问问李子勋”的内容标题。翻开杂志的第一页，就是他以回答问题的形式写就的文章，每一篇都十分精彩。中国心理卫生协会精神分析专业委员会主任委员仇剑崟博士读后评论说，李子勋是一位真正的“思想者”（thinker）。作为系统式家庭治疗学派中的一员，李子勋能够得到另外一个学派领军人物如此高的赞美，业内人士都知道这相当不易。

我认识子勋是在1997年的中德心理治疗师连续培训项目中。他在系统式家庭治疗学组，我在精神分析组，虽然不常打交道，但仍然能感觉到他在集体中如明星般的存在。这个培训结束之后，我们有过数次或长或短的交流，每一次都令我印象深刻。

2007年的一天，我在深圳的一个露天餐馆里和朋友聚会，得知子勋当晚要和一位著名作家做访谈。该作家以反叛著称，异常聪明，对人性有深刻洞见，所以我有点担心访谈出现什么不利于咨询师的后果。我发短信问子勋：你对访谈有什么思路吗？过了一会他回复说：没有思路，只是看看他需要我帮什么忙。我看着这句话沉默了好久，心想：这实在是太高明的姿态和太稳妥的思路了，以这样的状态做访谈，将永远处于不败之地。这样想了之后，我又立即在心里把自己鄙视了一下：做个访谈首先考虑的竟然是胜败得失，比子勋差远了。

还有一次在杭州，一群专业人员闲谈。有人问子勋做《心理访谈》节目的感觉如何。他回答说：刚开始的时候有些艰难，遭到一些同行的攻击，但自从奇峰为我们说了一些话之后，压力就小多了。我的确在很多场合中说过，对他们的节目只有四个字的评论——功德无量，但我的支持产生的效果显然被他善意地夸大了。

和子勋打交道，我对他身上展现的阿尼玛特质既嫉妒又防御。嫉妒是因为他竟然可以如此坦然地接纳自己的这一部分，而我一直试图压抑它；防御是因为我害怕自己身上被压抑的阿尼玛特质被子勋唤起，使我要为人格的震荡付出太大的代价。

在本书系里有这样一段话："理解流动的感觉与凝固的字词间存在的不同，理解生活的复杂与分类学的简单之间的不确定性，理解知觉中的现实与认知选择与重建中的现实之间的差异，心理学才算入门了。"说得异常精妙。而且，如此旗帜鲜明地画下专业上的及格线，相当于直接攻击了许多同行，阳刚之气跃然纸上，令人有高山仰止之感。

"妙"字也许代表了让心理治疗产生效果的所有重要因素。它似可言说，又似不可言说。妙最早的写法是"玅"；左边的"玄"是指从显性世界认知隐性世界的临界面，相当于精神分析中所谓的意识和潜意识的边界；右边的“少”的上下两部分都有突破临界面之意。心理治疗的目标就是要使意识向潜意识突破，以扩大意识的范围。主体间性精神分析理论认为，医患心灵的相遇就是疗效产生的机制，对这一时刻的描述，千言万语不如一个“妙”字。也许，以后督导师在督导时必问的一句话是：能不能说说，你和你的来访者之间发生过哪些妙事？

子勋的文章，除了妙语频出，还经常会有一些新的词汇，让人有春风扑面、神清气爽的感觉。比较而言，包括我自己在内的一些同行，学问做得稍有些僵化、腐朽之气。写到这里，我非常希望有一个能够跨越阴阳两界的网络工具，发信息告诉子勋很多人在想念他。

我猜他不会回复。因为他该说的已经在这套书里说了，或者他已经到了“此心光明、亦复何言”的境界，又或者他在那年离开我们的时候，就知道自己在某种意义上已经不朽。

曾奇峰

2023 年 3 月 21 日于武汉东湖

推荐总序二

吸收养分，为自己而活

李子勋老师离开我们快五年了。我还会常常想起他和煦的微笑。想到他在创造力最丰饶的年纪与世长辞，作为后学者感到深深痛惜。借着给这套作品写序的机会，我得以重新感受到他的生命力，这让我获得了一点安慰。

十多年前，李子勋老师是中国大众心目中最负盛名的心理学家，恐怕没有之一。这得益于《心理访谈》节目的热播。这档电视节目第一次把心理咨询普及到了千家万户，让很多人领略到它的价值：春风化雨般的对话，四两拨千斤地承接情绪，犀利而不失尊重的探问，睿智的比喻，给出意料之外的回答。在那个年代，因为李子勋老师出色的工作，大众对心理学有了初步的信任。

除了咨询工作以外，李子勋老师也笔耕不辍，用文字的形式抚慰当代人的内心。他写的文章就像他做咨询一样，没有专家的架子，用老百姓喜闻乐见的语言，设身处地理解对方的烦恼，给出恰到好处的回应。

现在看李子勋老师的作品，我仍然觉得他的理念是超前的。哪怕是看似随手写就的小品文，那些感触和机锋都包含了前沿的身心健康理念。李子勋老师受过严格的系统式家庭治疗训练，对复杂系统的敬畏、自组织过程的洞察及后现代哲学的灵活运用都深入骨髓。他的很多文章对专业工作者来说都有学习的价值，相信普通读者亦能感受到其中蕴含的朴素的智慧和哲理。能够把系统式家庭治疗的观念用如此“雅俗共赏”的方式讲出来，这是多年临床功力的体现。

在李子勋老师的文章中，体现了这样几个突出的理念：

第一个是通过后现代的解构，消解了传统心理学诊断对“心理疾病”权威、僵化的定义，转而致力于拓展个体的生命经验。他在文章中把生病说成是一种生命状态，把疾病看作另一种形态的健康。他说，如果把疾病和健康对立起来，身体一有风吹草动我们就会害怕；而如果相信疾病是健康的一种状态，我们甚至会乐于保留一些小病，来获得更有效率的生活。你听，这语言多么洒脱——乐于保留一些小病。像李子勋老师这样科班出身的医生，能拥有如此灵活的健康观，是难以想象的思想探险。在他的笔下，生命充满了各种各样的色彩，没有任何一种体验是碰不得的禁忌：双相情感障碍叫作“双向情绪色彩”，是两种生命体验的周期性更迭；强迫症来自“很强的无中生有的创造力”，有症状者“善于抓住一闪而过的念头”，是内心的哲学家；抑郁是一位替我们表达深层愤怒的朋友，它有破坏性，同时也在保护我们的利益，我们要学会接受它的保护。

第二个常用的理念叫作自组织。这个名词来自复杂科学，是指用系统视角看待宇宙万物，大到星辰运行，小到细胞分裂，系统无时无刻不处于自发的变化中，又以变化的形式维持着某种“稳定”。系统的变与不变都遵循它自身的智慧，而不以人的意志为转移。理解了这一点，我们就知道，在生命体验中，有很多事情不需要刻意为之。李子勋老师对心理治疗和家庭教养都抱有这种无为而无不为的理念。他认为，人的成长就是与宇宙万物调谐的过程。患者也好，儿童也罢，需要的不是被某一套特定的规则“驯化”，而是找到一种更具有适应力的、顺应自然规律的生活状态。就像很多疾病不用刻意吃药，只要吃好睡好，心情愉悦，一段时间之后就会痊愈。身体会以自组织的方式照顾自己。伤口在愈合，小孩会长大，原有的矛盾会被消化，新的问题又在不断产生。人可以融入世间万物的变化中。这种智慧常常比自以为是的“人为干预”更为高明。

作为心理学家，李子勋老师不只从个体视角理解心理，还关注历史、社会和文化建构。这种“大系统观”的理念也相当超前。他认为，人们的很多问题只是被“外界”定义成了问题，心理学家的任务与其说是“解决”这些问题，不如说是帮助每一个人接纳自身的生命体验，再让他看到它如何与外界框架发生冲突，探索一种让自己感觉舒适、安全，有助于发挥自身潜能的文化建构。他在身体力行地通过写作为当代人提供更丰富的文化选择。在《安全感源于我们选定的文化》一文中，他写过一段话，用以描述人们获得自我和谐的文化观念之后的体验：“什么人都敢爱，什么事都愿意做，什么地方都想去走走，品尝着生命自由的感觉。”我觉得，这段话正是李子勋老师真实生命状态的写照。

在 21 世纪最初的十几年里，心理学在国内还是一种舶来品。随着我们在经济和文化上与世界不断接轨，中国人开始对这门用西式的科学框架阐释内心经验的学科怀有普遍的好奇。好奇带来了敬畏，敬畏又催生了误解。“心理咨询师”成了人生导师。很多人不再信任内在的体验，更愿意把诊断分析式的名词套用在自己和他人身上，从而限制了体验的广度，甚至带来了麻烦。有些心理疾病恰恰是被过于教条的理论“创造”出来的。值得庆幸的是，时代最终选择了李子勋老师这样的实践家。他用游戏人间的语言，给专业工作者和大众松绑，鼓励他们回归自身的体验，活出自在的样子。

本书系中的每篇文章都是极好的例子，显现出如何将一门学问纳入更饱满的生命状态，而不是画地为牢、为其所限。文章信手拈来各种奇闻轶事、诗歌、戏剧，就像天上的云，桥下的水，尽可为我所用。

读完这些文章不禁感慨，我忍不住把今天和十几年前相比。今天的社会变得更成熟，也更高效，新技术和知识层出不穷。就心态而言却好像比十几年前更紧张了一些。今天专业划分越来越细密，心理学也有了一种更森严的气象。诊断式的语言正在普及，人们提及创伤、原生家庭、抑郁症，常常会谈虎色变。很多人在提到婚姻和家庭时，首先感到的是恐惧。伴侣之间该如何相爱、如何沟通、遇到矛盾该怎样对话，都需要模板和框架。年轻的父母比十几年前更渴望获得科学的育儿指导，生怕孩子从起跑线上就落后于人。整体而言，今天的人似乎更不愿意相信自己的本能：不需要那么多知识，就能自然而然地把生活过好。

这种时候，重温李子勋老师的文章，还是可以获得很多慰藉。斯人已逝，但他留下来的声音仍在提醒我们：不要迷信任何人，对一切经验保持开放和自由；接纳生命的不确定性；欣赏你自己，欣赏每一个个体的独特性。很幸运，在心理学刚进入中国的年代，这一代人曾受到李子勋老师的关照，带着一份自信且自如的心态迎接这门学科，从中吸收的每一点养分都用来为自己而活。

谢谢李子勋老师。

李松蔚

2023 年 3 月

推荐序

唤醒孩子生命的智慧与力量

李子勋老师的四本家庭教育著作再版，我有幸被邀请为之写推荐序。

收到编辑邀约的时候，我是惶恐的。学习心理学初期，李子勋老师参与的《心理访谈》节目的视频常常在课堂上被当作咨询的教学案例解读。那时候的我像小迷妹一样把李子勋老师当作偶像来崇拜，常常为他对来访者的提问所折服，每每有醍醐灌顶的感觉。在我眼里，李子勋老师是男神一样的存在，我觉得自己的修为根本配不上为自己如此景仰的前辈的著作写推荐序。

真正决定要写这篇推荐序是我细细阅读收到的新书稿的时候。

这些年，我将萨提亚模式引入对个人和家庭的治疗，效果很好。我知道萨提亚模式和李子勋老师研究的后现代心理学有很多共通之处。这一次读李子勋老师的书，强烈的共鸣和感动令我几度热泪盈眶，深感我有责任把这么好的书籍推荐给更多的家长和教育工作者。李子勋老师的教育思想是深入浅出的，读者从书中可以学习育儿方法，也可以领略老师关于人和生命的哲学思想。

自然教育，这是李子勋老师教育思想中非常重要的一部分。我想先来说一说这个部分。

李子勋老师的自然教育一方面谈的是孩子的自然属性，就是把孩子当作自然不可分割的一部分，“如是”地看待孩子。就像植物一样，每个植物都有其独特性，甚至同一株植物上的每一朵花都是不同的。李子勋老师告诉我们要尊重孩子的独特性，不主张给孩子贴标签。他认为孤独症、阿斯伯格综合征、躁郁症等都是医学对一个孩子的定义，其实他们只是他们，与其他孩子是不同的，而不是不好的。如果我们可以这样看待孩子，当我们的孩子与其他孩子的表现不同时，就不会焦虑，而是可以尊重孩子的特点，“协助他成为他自己，以完成他生命的使命”。

李子勋老师自然教育的另外一方面谈论的是自然对孩子成长的影响。孩子认知世界首先是从感官体验开始的，他们会把看到、听到、闻到、摸到的东西在自己的头脑里建构成属于自己的概念，这是真正的知识。大自然蕴含的信息非常细腻和丰富，把孩子带到大自然中接受感官的刺激，对发展生命的智慧、灵动与创造力都非常重要。读到李子勋老师《早教的秘密》中这部分内容的时候，我回想起自己小时候在农村长大以及在陪伴女儿成长过程中经常带她到大自然中去的经历，一股暖流从丹田升起，眼泪禁不住涌出眼眶。我知道，在这方面我和李子勋老师产生了深刻的联结。

李子勋老师自然教育还有一个方面是告诉我们在教育中要引导孩子遵循大自然的法则，如相互依存、只取所需、节能等。我们总讲“命运共同体”，李子勋老师倡导的正是在宇宙命运共同体面前，我们的教育所起的作用。这是一个宏大的概念，更是大爱。如果通过教育，我们的下一代可以遵循这些法则，就不仅仅是教育好一个孩子的问题，而是为全人类作出贡献。

在李子勋老师的书里，处处可见他的系统教育观。

上面谈到的李子勋老师的自然教育，其实就是在讲人的成长离不开大自然的系统观念。

在人文层面，孩子的成长又离不开家庭和社会系统的影响，尤其是离不开家庭系统的影响。在李子勋老师的书里，他总会把孩子的问题放在家庭文化和关系的背景下来讨论。很多家长会把关注的焦点放在孩子的行为上，实际上孩子往往会成为家庭问题的“替罪羊”。有的孩子会用自己的偏差行为来拯救父母的婚姻，有的孩子则可能用“抑郁”等症状来对抗来自家庭或学校的压力。

李子勋老师在书里写道："家庭的许多'问题'都是互相依存的。这些'问题'是经过无数次成员间的互动、重复、叠加、强化才得以形成的。在这种循环互动中，问题产生的因果关系已经非常不明显。"因此，表面的问题不是问题，只有透过表象看到内在系统的需要和外在系统的动力影响，才可以更好地应对孩子的问题。

李子勋老师也从时间维度把系统性带入家庭教育的思考中。在不同的时代，经济、文化和科技发展的水平不同，这就意味着人的成长环境会有很大的不同，家长也需要跟随时代的变迁用适合当下环境的方式来养育孩子。

从一个人的生命历程来看，孩子在不同的年龄段会有不同的表现，父母需要根据各个年龄段孩子的不同需要给予适合的陪伴。换句话说，家长需要活在当下。这似乎在李子勋老师的每一本书里都有体现。

李子勋老师提出的未来教育趋向又何尝不是系统教育呢？只是他的时间系统，去到了未来。他在《家庭陪伴》的自序中强调："教育不是家长、老师把自己时代的经验灌输给孩子，而是要保持未知的心态，跟随孩子进入未来的世界。"

家长来自过去，而孩子就在当下。如果家长放下自己既有的经验，对孩子抱有好奇心，这是对生命的敬畏，也是尊重生命的一种表现。

我也特别喜欢李子勋老师的正向教育观。

在李子勋老师的书里，很难看到对家长做法的指摘。读他的书，你会觉得似乎一切都属正常，没有什么问题。在书里一些答疑的案例中，就算家长提出的问题中说孩子出现了一些状况，他也会对其做正向引导，不会让家长内疚和自责。因此，读了李子勋老师的书，家长不会再那么焦虑，而会变得放松和释然。

在《读懂孩子》一书中，李子勋老师在回答一个厌食症孩子家长的提问时这样讲："女儿的问题是她生命发展中的一种状态，她必定要经历并走出这样的困境才能赢得明天的光彩。"

从这样的视角看待问题，你会觉得经历痛苦就好比天气也有风霜雨雪，都会过去，从而对未来充满希望。我想这也正是李子勋老师在世时那么受大家喜爱的重要原因之一吧！

也是在《读懂孩子》中，李子勋老师有一篇文章是《给孩子三个美好的假定》，这三个美好的假定分别是：我们这个世界是美好的、人与人之间是友爱互助的、自己是可爱的。如果在父母的心里有这些假定，并且把它们变成人生信条传递给孩子，这就是在帮助孩子建立积极的信念！一个孩子从小就建立了"我是可爱的"这样的信念，他就会珍视自己，而不会因为他人对自己的评判而贬低自己。我们的孩子需要这样的信念，因为这是来自生命力层面的自我认可，是高自尊的基础。

因为李子勋老师有几十年的临床经验，在他的书里有很多针对具体问题的解决方法，你可以拿来就用。

在李子勋老师的书里，俯拾皆是宝藏，关键是你要用心去捡拾。

读罢李子勋老师的文字，忍不住扼腕。如此智慧的李子勋老师英年早逝，实在太过遗憾。幸好他用文字给我们留下了这些宝贵的精神财富，继续给我们以滋养！

“死而不亡者寿”，李子勋老师，斯人永在。

刘称莲

2023 年 3 月

目录

第一章 读懂孩子的内心

给孩子荫蔽，也要给孩子自由

父母的荫蔽再大，也要在孩子的头上留出天空。

家庭是孩子成长的“摇篮”，不少父母在养育和教育孩子时，容易忽视孩子心理与行为发展的循序渐进或个性需要，急切期望按照社会的模子去“克隆”一个好孩子，这种削足适履的做法会让许多孩子生出问题来。面对孩子的“行为问题”，家长很难去质疑社会的价值评价系统是否存有不足，而是习惯性地认为是自家孩子不够好。反过来，如果家长过度地随着孩子的天性，对社会评价系统不予理睬，有些孩子又会出现人际环境适应不良的情况。自我心理学强调生命自在的力量，“一粒橡树籽扎根在土壤里，不需要任何教化，只要时间足够，一样会长成参天的橡树”如果希望把一棵橡树教化成为一棵苹果树，那么最终结果可能是孩子失去了他天赋的特质，过着平庸的一生。

不过，我们也要注意自在世界与人为世界两者的区别。

自在世界是按生命的自然法则来运作的，需要的只是阳光、空气、水与土壤。人类世界有些不同，除了阳光、空气、水与食物之外，还需要社会这片土壤，需要学习社会秩序，规则、理性与主流价值观，需要承受很大的人际适应、环境、价值评价系统带来的压力。那么，孩子如何在自在世界与人为世界间找到自在的成长之路？如何处理自我欲望与社会期待间的矛盾呢？这是父母育儿首要思考的问题。我喜欢把父母引导到一个保留未知、复杂、为未来教育的育儿方向，旨在补偿当今社会严重的一致性教育方式，这样的方式忽视孩子具有的本性特质，使所有孩子的心智、行为、情感高度趋同。那么育儿有没有一些基本可循的方法呢？有没有可能在孩子足够小的时候父母就给予他充沛的生命动力呢？回答是肯定的。

家庭摇篮不是为了束缚孩子，而是要保其安全，引导他们感受到自由的空间，呼吸到自然的气息。好的益于孩子发展自我的家庭，具有某些共同的特质：父母关系融洽，家庭氛围轻松活泼，家庭成员乐意保持独特性，同时也尊重共通性。家庭教育是一种关系教育，不是道德、行为、品质、知识教育，这些是标不是本。在关系不良的家庭，这些教育将收效甚微。好的关系并非有什么可以鉴定的标准，而是一种感受，这种感受自己在家已经不能觉察，但到邻里朋友家串门，你马上会觉得各个家庭的气氛各有不同——有的家庭让你流连忘返，有的家庭让你如坐针毡。

我一直强调关系的重要性，我曾在采访中提到孩子成长的三大关系环境：第一是亲情关系氛围，不仅是父母，还有与父母直接连带的亲人。父母如何对待亲友与长辈对孩子是至关重要的。第二是生活社区乃至社会的人文关系环境，人们相互的友爱、关心、信赖与助人为乐是重要的。三是孩子与自然的关系，能栖身在纯粹的自然环境中对孩子的身心与智力发展有极大的益处，相反缺少自然环境的滋养，孩子可能出现许多心理问题。科学研究证明，在自然美化的环境中，人们的言行比较具有善意，在恶劣的生活环境中，人们要显得低俗与粗鲁一些。在心理学看来，人是环境的产物，也是关系的产物，人只能在关系与环境中界定并呈现自我。

5 岁的女儿说话很极端

女儿 5 岁半了，当不能满足她的要求时，她会说些让人恐怖的话。例如，你不答应我，我就把自己杀死，或者自己打自己。孩子为什么会有这样极端的行为？该怎么处理呢？

回答：对孩子这样的语言最好的反应就是微笑。3~5 岁的孩子正是语言能力的发展高峰，但对语言的理解与应用能力还相对比较低，爱说新词新句，并不管是否贴切。一方面，人对词汇的学习犹如建筑师砌砖，需要慢慢积累，孩子的词汇量很小，如果在幼儿园听到一句雷人的话，一定会鹦鹉学舌。另一方面，孩子对某个言语引发的父母的反应很敏感，如果某句话给人的影响力很大，可以达成自己的意愿，这句话会产生一种自我强化的效力，孩子会更喜欢说。微笑并且不给这样的言语回应，可以产生一种消退行为，孩子会慢慢地放弃这样的表达方式。不要对这样的言语给予纠正或者批评，因为这样的做法实际上还是强化，结果会适得其反。父母在平时可以增强与孩子的言语交流，让她可以更好地表达自己的想法，要及时地对贴切的言语给予肯定与支持，对不贴切的、无理取闹的言语则不予回应。

现在的孩子都是自恋型的，自我中心式地长大，父母不能无端地夸大孩子的优点或者过度表扬，而要在他切实的能力方面给予认同。不然会鼓励他的自我夸大倾向，使儿童式的自恋难以发展为成熟的自恋。孩子说一些恐怖的话，正是一种幼稚的自恋反应，不认可、不鼓励是比较有效的对策。当然，“把自己杀死”或“打自己”这样的话，也隐含了一种儿童的攻击性，虽然是指向自己的，但也是针对父母关系的攻击。通常伤害自己是意图伤害爱自己的人，这样的情况在相爱的关系中经常发生。父母是不是需要检视一下自己与孩子的关系？看看在管理孩子日常起居上是否过于严厉？孩子在与父母的关系中，如果总是欲望不能达成，可能会慢慢积聚一种愤怒，这种愤怒需要被及时地化解。5 岁半的孩子需要更自由的空间与更多的自我抉择，父母要学会伴随孩子长大，而不能有过多的规定。

容忍孩子输在起跑线

心急吃不到热豆腐，磨刀不误砍柴工。

心智的初始状态

孩子刚出生的时候对存在的世界是不做任何选择的，存在的都是合理的，只是去适应、悦纳就好。孩子感觉的世界丰富多彩，一片叶、一块沙石、一丛草都是一个世界，都让孩子的生命为之雀跃，沉浸在一种与存在同在同属的美好心理体验中。孩子对自然的适应性要比成年人强，原因是成年人被社会价值化以后，整天忙着去选择现实与改变现实，他们能够知觉到的存在少得可怜。在某种意义上，宗教的信仰、佛家的禅修、修身养性的净化心灵、心理学的超越自我，诸如此类正是为了回归人的童真。

“初始状态”这个词源自混沌学，意指自然万物在初始的时候，生命是最充沛饱满的，人的认知也一样。初始接触的信息不同，后天是很难去补偿的，差之毫厘，失之千里。儿童在生命的最初3年，需要整个世界的全部信息刺激，这样才能让他的初始状态的知觉能力充分地发展。人的知觉决定着他一生怎么去认同与接纳外部世界，决定着他如何去构建一个外部世界，也决定着他的智力与学习的能力。这方面可供家长选择的方式在我的《早教的秘密》一书中有具体的建议。

陪孩子长大

人对外部世界的认知是早年建立的，社会认知却是在10~18岁这个阶段形成的。人的现实感跟他在这个阶段的社会存在有决定性关系，通常人总是无意识地保留着一种固化的社会现实感，无论社会发展如何不同，他对现实的感觉、情绪、欲求、想法、行为仍受制于他在青春期、青春后期、成年早期时候的社会，略微刻板地重复着那时曾有的内心体验。父母与孩子处在完全不同的社会时代里，如果父母不能意识到这一点，总是把自己理解的现实强加在孩子感觉的现实中，育儿的时候往往会产生极大的麻烦。中国经济发展过快，社会形势的转变也迅猛，过去是几十年如一日，现在是隔年如一代。父母并不真的能够了解自己的孩子，他们与孩子仿佛生活在不同的社会现实中，有不同的时代感，这是当今育儿面临的真正挑战。陪孩子长大隐含着父母要保持未知的心境，允许孩子以他自在的样子去成长，更少地雕琢打磨。

我不主张孩子有点心理问题就跑去找心理医生，原因是心理医生在长期的医学教育下，已经形成了刻板的知觉模型。他关注人的症状、体征、困扰，通过归因的方法去建立病因学，从早年遭遇、创伤、母婴关系、发展障碍去解读，有时也涉及基因遗传、脑与身体的生化代谢紊乱，以此为据诊断、治疗与观察。成人的自我世界在社会过程中已经高度趋同，这样做是可行的。孩子却不同，孩子的内心世界更多是自在的，带有生命本体多样性的色彩，在16岁以前，差异性是重要的。16岁以后，孩子可以在秉持自己的个性特征下，学会一种社会性人格，以适应人际社会的要求。如果过早涉入医学、心理学的分类，给予孩子行为、情绪特征一些赋义与命名，可能反倒会干扰孩子的身心发展。每个家长都要记住：孩子的生命形式原初是以生物学动力为主导的，儿童行为的多样性与复杂性非常自然。等孩子足够大，他的生命动力会趋近与转化为社会发展动力以利于自我发展。保护孩子小时候个性、行为、情绪的差异性，比过早逼迫孩子所谓的“好学”更重要。

相对而言，社会学家会关注父母的教育、社会环境对孩子的影响，会去讨论社会的评价系统是否适合不同的孩子。社会的建构是以忽略少数人的利益为前提的，作为补偿，社会也会为特型的孩子提供许多的优惠与照顾。当社会通过榜样的作用来带动孩子的发展时，考虑的是社会整体发展、维持稳定的需要，而非每个孩子个体的需要。明了这样的差异，就不要对孩子出现社会适应不良深感恼怒，对孩子的愤怒是大人的无知。心理学喜欢把孩子的问题行为纳为个别化使然，或者是对关系特定性的反应方式，要解决好孩子的问题先要解决好孩子与父母的关系问题。关系良好的家庭，情感沟通和行为有效互动易于形成，孩子的问题也会被定义为成长的问题，家长也乐于等待孩子慢慢长大。容忍孩子慢慢长大是父母很重要的心理素质。我们不需要孩子急切地去证明什么，慢，我们才不会错过跟孩子相伴的美好时光。

家庭的许多“问题”都是互相依存的。这些“问题”是经过无数次成员间的互动、重复、叠加、强化才得以形成。在这种循环互动中，问题产生的因果关系已经非常不明显，难以被描述。家庭治疗师把家庭问题看作家庭系统压力的一种释放方式，当症状被标签化为青少年的某些心理行为问题时，症状便呈现出一种“亲子关系现实”。它隐含着家庭内部的协调与冲突、结构与等级、平衡与失衡、交流与互动等。孩子的“症状”可通过负反馈的方式改变家庭，寻求家庭内部新的平衡；也可以经由正反馈的方式，将孩子的问题作为一种异化来促使家庭沟通达成，同时表达、释放家庭内部积攒的紧张与焦虑。有时候这种异化方式不仅不能促进家庭的改善，反而使家庭的问题因此固结。

不过，在大多数情况下，孩子的问题是家庭内部冲突的一种解决，虽然不美，却有实效。问题为家庭建构一种假想的平衡，使家庭成员更加团结，并间接获益。

心理治疗是如何破坏这种平衡，或是维持还是创造新模式，是临床心理医生要反复琢磨的事。简单地说，家长在社会适应中出现欲求不满或内心不平的时候，容易发现孩子的毛病，自己在教育孩子试图改变孩子的“问题行为”时，同时也在发泄自己内心的负面情绪。孩子可以慢慢变得像天使，让父母得到足够的情绪补偿，家庭变得和谐与快乐。但孩子的问题也可能恶化，让父母慢慢地把孩子放在重心，与社会的冲突被淡化（间接获益），家庭因为要共同战胜孩子的问题而表现出团结，家庭矛盾得以缓解。

我会在孩子心中失去分量吗

因为种种原因，我正在跟丈夫打持久的离婚战。焦点之一就是6岁儿子的抚养权问题。为此，婆婆和丈夫都在孩子的面前说我的坏话，说我是一个坏妈妈，有时当着我的面也这样说。儿子在他们的说教下，好像已经没有了分辨能力。怕大人间的争吵给孩子带来不利影响，我从不当着孩子的面跟他们争辩。我之所以一直争取儿子的抚养权，就是担心儿子在奶奶家这样的家庭氛围中，变得要么像奶奶一样蛮横，要么像爸爸一样唯唯诺诺。如果孩子的奶奶和爸爸长期这样跟儿子说我的坏话，我会不会在孩子心中失去分量？

回答：为什么要担心在孩子心中失去分量？在这6年中，你和孩子已经形成良好的亲密依恋，孩子终生已经很难把你割舍。如果在抚养权的争执中，你得到孩子，那么不管他们说什么你都有时间来澄清这些谎言。如果你没有得到抚养权，客观上说，你应该稍事推开，让孩子易于和奶奶、父亲形成新的亲密模式。纠缠不放的结果可能导致孩子内心分离，因为他要得到好的照顾就得依附父亲和奶奶，你的执着会让孩子身处两难境地。当然，如果父亲获得抚养权，会继续在孩子心中挖除对你的依恋，但他这样做会得不偿失。虽然早期孩子会讨好养育他的人，但到了青春期以后，反过来会把这样的攻击回报给养育他的人。只要你保持对孩子的欣赏，无条件接纳、善待他的其他亲人，孩子成年后，也会把相似的关系还报于你。这是种瓜得瓜、种善缘得善果的道理。

心理学反对离婚父母彼此攻击，从而让孩子处在强烈的撕裂情绪中，离婚是否对孩子造成伤害关键也在此。不过，你的丈夫家已经这样了，你只能退后一点，让孩子有机会来适应新的环境。担心孩子会因奶奶的蛮横变得怯弱暂时是多余的。6 岁的孩子长大后性格怎样不是母亲可以决定的，也不是奶奶和他父亲可以操纵的。你只需要做好自己，给孩子一个表率，让孩子能够持续感觉到母亲的人格魅力、修养和举止。稳定地爱他和关心他，但不要替代他去思考和决定。孩子是可以选择像谁的，简单地说，要相信孩子自我成长中的鉴赏力。

也许你会用心理学的理论来反驳我，说儿童的心理行为取决于早年与双亲或重要关系人的关系类型。对母亲的攻击可能会给儿童带来对亲密的怀疑，可能失去已经获得或正在获得的安全感、归属感，甚至形成依恋障碍。不过，这有个前提，那就是你也在孩子面前不遗余力地攻击他的父亲和奶奶。如果孩子仅在这一种关系模式下成长，那么出现亲密障碍则成为必然。所以，先做好自己，让自己成为孩子成长的资源系统，客观上你仍旧拥有你的孩子！

让孩子自然长大

孔子认为，人十五立志向学，三十而立。看来古人对孩子要有耐心得多。

现在做父母的，大多数只有一两个孩子，不像教育了四五个孩子的爸爸妈妈那么有经验。只有养育了几个孩子的父母，才能深刻地理解：即便是一个爹妈所生，孩子与孩子也是不一样的，不同的孩子要用不同的方式去对待。社会往往只为我们提供了一两种亲子教育的范本，面对自己孩子诸多的不适应，许多父母束手无策。让孩子像孩子那样长大；允许孩子以他独特、自在的方式长大；为每个孩子创造一个适合他的环境让他长大，这些似乎只是一种梦想。很多家长也希望让孩子能够像孩子那样长大，事实上很难做到，家长会受到很多来自社会评价系统的压力，孩子的内心也会被成人化思想、行为、价值观念严重干扰。真正能够保持平常心的父母往往是有良知、有知识、个人发展相对成功的人。中国古代有个寓言叫“拔苗助长”，言欲速则不达，有多少父母愿意等待孩子自然地长大呢？有多少父母不希望通过孩子来证明自己呢？理想的社会一定最关心儿童的利益，儿童是世界的未来，儿童得到社会充分的宽待，人类才会彼此尊重。我相信童心才是生命唯一的快乐源泉，爱儿童，也要珍爱我们内心童心的那个部分。

我们常常会听到一些所谓神童的故事，却不知道神童身上倾注了父母多少心血。孩子的成长成为家长间的竞争，不知道这是否是一种悲哀。我敢说，那些过早被理性教育开发的天才们，真正成为天才的只是凤毛麟角，绝大多数的神童最终成了庸才。5 岁能背唐诗三百首的孩子，12 岁时可能连认字读书都成问题。原因很简单，一个蓓蕾被强行地掰开，所见的色彩虽然迷人却是昙花一现，而自然开放的花朵才可能维持长久的芬芳与娇艳。不过，相反的情形也不见得好多少。我经常会接待这样的孩子，大多是男孩，这些男孩有一个共同特征，即小时候有过较重的病，如癫痫或其他病，或体质柔弱，因而被父母高度保护，父母不愿意孩子再受到任何危险，甚至害怕孩子会得感冒。这个孩子不能像正常孩子一样成长，爸爸妈妈的过度保护，形成一种功能替代，孩子也没有必要长大。这很像庄稼（麦子、玉米、高粱等）被施肥过多过久，叶、秆老是青青的，好看是好看，但果实成熟晚，错过收割期，雨水一来全都烂在庄稼地里。被父母替代长大的孩子看起来是很懂事的孩子，也因为懂事，所以觉得他不那么像孩子。过去说，穷人的孩子早当家，现在物质丰富了，孩子懂事那么早做什么。聪明的孩子往往都是一些醒事较晚的家伙。东北的孩子长得高，是因为寒冷让他发育晚，营养积攒丰富所以高；南方的孩子发育早，体格高大的却很少。

如何处理孩子的小情感

女儿今年上小学一年级，在前几天和她聊天过程中，她突然说，我很喜欢×××（她的同学，一个年级的，但不是一个班），以后要嫁给他。我当时并没有太在意，开玩笑就岔开了，但是昨天在她书包里，发现了一个小纸条，上面应该是两个孩子互相写的小话，有“我爱你，我要嫁给你”之类的话。我应该如何处理呢？

回答： 读你的东西让我想起我女儿在小学二年级的时候，我被班主任老师叫去办公室，她神秘地拿出一张纸条，上面写着“我爱你”三个字。她说那是我女儿上课时传给后面的同学的，被她当场没收抓了现行。老师还非常认真地说女儿传给的同学是女同学，她的结论是女儿的思想复杂，需要家长严厉教育。同时老师批评我说“一定是你们让她看多了大人的言情剧”，要么就是“缺少对孩子心理成长的关心”。带女儿回家的时候，女儿情绪极差，她被老师课上罚站，课后又被叫到办公室训斥，最后让家长接人，这是她第一次遇到这样的“困境”，我一路上乐呵呵地像没事的人，带她去肯德基吃她最爱的食品算是给她压惊，然后对她说上课递纸条是不对的，对“思想复杂”之类只字未提。我们怎能用成人之心去度孩子之意呢？鲁迅笔下：“父亲带小孩子看电影，银幕上有一女子洗浴，只露后背……”孩子问：“阿姨为什么不转过身子来？”父亲呵斥道：“你这个小流氓！”那么到底谁是流氓呢？

建议你不动声色，暗地里关注一番，小小毛孩子也翻不起多大的浪来。如果你实在希望孩子停止这样的“游戏”，可行的办法就是装着好奇的样子揶揄她，让她觉得一点都不好玩，消退她在这方面的快乐。

我一直在做“言语分析”这样的训练，就是想告诉学心理学的人，对于语言，人们总是以自己的经验去理解的，这往往导致跟说话的人想表达的东西存在巨大的差异。人只能将心比心，做不到客观的中立的共情。在不同年龄层面、不同的民族、不同的文化背景，甚至不同性别之间，言语交流几乎是在误解中进行的。读书也一样，人们以为读到的是作者的原意，其实读书实际上是读自己，在自己经验、学识、理解中去重组体验，感受到的不一定是作者的意图，而是自己潜在的被引发的共情。我们经常可以听到这样的声音："我的本意并非如此，但给你带来这样的感受，我很抱歉！"或者说"如果你非要这样理解我的话，我也无能为力。"很多人喜欢引经据典，以为有先人哲人说过同样的话，自己的观念就是正确的，但却忘了一是先人哲人说话时的语境不同；二是你对先人哲人此话的印证局限在你的理解中，所以引经据典引的还是自己的经，据的也是自己的典，不足为凭。

过度保护让孩子陷入成长困境

不自己开车的人，也不会记路。

这样的孩子在特殊的保护下，失去了很多能力，虽然他在父母亲的帮助下生活很好、学习很好，可是到了青春期（12~15 岁），会出现一些麻烦，这些麻烦就是家长所担心的：跟周围的孩子没法交流，无法维持良好的情绪，也难以获得他人的情感。爸爸妈妈可以拼命地爱他来补偿他的情感需要，但这是饮鸩止渴，因为过度的保护会让孩子失去在挫败下奋起的动力，失去社会适应能力的发展机会，孩子在处理人际关系方面问题时更易陷入困境。例如，这个孩子跟某个孩子发生争执，妈妈就去找老师谈，出面找对方的家长谈。通过这样的保护，这个孩子或许可以顺利地度过小学、初中生活，到高中很可能就会出现问题，因为面对高中的孩子，你的保护失效了。在社会化的过程中，一个孩子过了青春期——16 岁以后就基本社会化了，他们处在父母与社会的缓冲带。小时候为了保护孩子，爸爸妈妈对其进行适当保护是对的，但是保护到什么时候，什么事情应该保护，什么事情不能保护却要好好掂量。

我们常常在思考这个问题：从当前国际潮流来看，家长应从三方面来关心孩子。第一，身体发育。假如这个孩子有疾病，差不多孩子就拥有了某种特权，这个特权就是让爸爸妈妈不得不怎么样。第二，孩子的智力和能力的发展，包括学习和社会能力、运动能力、音乐与艺术的修养。第三，个性的成长和心理发育的完成。这三个方面其实都是相通的，因为身体健壮、健康的孩子往往心理发展顺利，患有疾病的孩子，因为需要过度帮助，就有补偿关系，对补偿的依赖使孩子难以发展出社会能力。相反，多少有些弱势的孩子经历的挫败更多一点，这反而有益于他的成长。

我曾看到一个“孩子”，30 多岁了却一直不能够正常地生活。他从 17 岁开始就一直在看心理医生、吃药，有各种各样的病。但有一个很奇怪的现象，当这个孩子不在他妈妈身边，跟陌生人在一起时表现挺正常，他可以跟别人交谈，可以自己去书店买书，去商店也会与人讨价还价，但只要妈妈在身边时，他就是一个病人，是一个彻头彻尾的病人，会露出很呆傻的笑容，什么都让母亲做决定。

妈妈好心也许会办坏事。例如，过多替代孩子的社会功能，孩子要和社会接触的时候，会习惯地支配妈妈去做，或者要求母亲给予决定，依照母亲的要求去行事。久而久之孩子失去自我选择、决定、执行的能力，也不愿为所做的事担当。这个孩子强迫妈妈去给医生打电话、让妈妈去跟医生商量需要做的事情，总是他母亲替他到医院看病，把药买回来。这个孩子与妈妈处在一种共病关系中，率先处理母子间的互动方式是重要的。有时候一个病孩子的后面有一个病得更重的母亲，改变了母亲，孩子的问题也自然消失。

女儿在生人面前总是很胆怯

我女儿今年6岁，遇见生人总是往大人身后躲。我有意识地带孩子多出去见朋友，但没什么改变。女儿小的时候是姥姥带大的，很少出门。女儿的这种表现是不是因为小时候的养育方式造成的？怎样才能让女儿变得大方起来呢？

回答：当然与小时候养育的方式有关，不过不用担心，孩子的心性像夏天的天气说变就变，刚刚是乌云密布，转眼就晴空万里。如果你和先生性格都不是内向的，随着孩子一天天成长，你们性格中的特质在她身上就会显现出来。心理学虽然强调3岁以前，孩子的成长环境与养育她的人之间的亲密方式，可能对其成年以后有很大的影响，但影响毕竟是影响。一棵树是什么种子，不管经历怎样的风吹雨打，山川变更，长大了还是那棵树，树不会长成一棵草。所有的孩子总会经历对生人害怕的那一段，慢慢地就胆大了，不必专门为此做什么。内向的孩子这个阶段可能长一些，外向的孩子会比较短，一眨眼就过去了。猜想你的性格也不会太外向，所以对孩子不大方很敏感，孩子的行为唤起了你早年被隔离了的一些人际焦虑，又把这样的情绪投注给了孩子。孩子也许在生人面前并没有什么感觉，只是习惯藏在母亲后面而已，你却感觉到孩子的害怕，这个害怕可能是你的害怕。

一个比较好的做法是问问孩子的老师，问的时候不要先说你有什么担心。因为你怎么问，老师就会搜索出相关的情况回应你，结果你会感觉孩子真有这方面的问题。询问老师对你女儿的印象是怎样的，等老师说完他的感觉，你再问问女儿与其他小朋友关系如何，有没有特别要好的。这样问老师会比较客观地回答，不会受到你的暗示。不能告诉老师你的担心，因为老师从你这儿得到这样的印象，在以后会无意识地增强对女儿的关注，结果反倒强化了孩子人际方面的问题。如果老师并没有这方面的印象，此事就再不要提，顺其自然就好。如果老师也认为孩子不太合群，建议老师多鼓励、培养孩子参加集体活动是可取的。一般来说，聪明的孩子对人际关系都不太感冒，普通的孩子更可能是人来疯。也有这种情况，小时候怕生人，长大了却成为社交家。孩子的事真说不好，此一时彼一时，父母还是要以平常心处之。

教育之前先建立良好关系

不管父母多么爱孩子，也要给双方留出空间。

儿童心理发展有很多理论，在人本主义思潮进入心理学以后，心理医生开始接受儿童发展的巨大差异性，不再纠结于孩子行为的对错，更多在意孩子行为的动机及后果会给予孩子什么样的生活经验。孩子本身不存在好与不好，好与不好来源于社会的一种价值观念。父母如果只以一种价值观为衡量标准，对孩子的观察容易出现偏颇。多元价值观是父母需要学习的，孩子的发展速率与社会适应快慢有比较大的差异，家长要有等待孩子长大的心理能力。

对 12 岁以下的孩子来说，三个方面的尺度需要同时考虑：①知识与学习的能力（不仅指学校学习）；②同伴交往与建立友情的能力；③自我管理与计划的能力。学习好不是评价孩子好坏的唯一标准，人际适应与自我意识也许更重要。不管社会还是学校都会有一种对孩子言行评价的通约方式，有时我们要分析这个判断工具。当今有一定价值导向的教育理念是不是真正地能够代表全体孩子的利益，或者说它是不是真正唯一的观察方式或正确的方式。有些评价系统是出生在20世纪五六十年代的人设立的，而孩子处在21世纪，这些老年人真的理解现在的孩子吗？我们如果拿一个尺子去量一个东西，不去研究这个尺子是否合适的话，那么度量出来的东西也是不确定的。

父母要思考社会教育理念是一个什么样的尺子，被这样的教育培养出来的人是什么类型的人，在如今的中国这样的人是否是精英。主流文化与非主流文化有时需要齐头并进，弱势人群的孩子生活在弱势的环境里，用一种强势文化去度量它的结果会怎么样呢？孩子的很多问题是被我们观察出来的，也许并不是问题。

关系先于教育，关系大于教育，良好的家庭氛围才是教育能够达成的前提。如果亲子关系不好，孩子表面服从，内心却朝相反的方向使劲，再好的教育也是事倍功半。良好关系的家庭，孩子并不需要什么教育，很多能力在一种亲情的温暖中自然形成。良好的关系并没有一个尺度，是一种家的氛围、家的感觉。这里弥漫着安全、信任、亲密与依恋，大家独立而平等。孩子有话可以说，家庭没有什么禁忌，什么东西都可以交流与分享。有些家庭不允许孩子干什么，或者不允许孩子说什么，孩子内心的很大一部分感受无法自如地交流，孩子除了对父母说“是”，其余的就得闭嘴。关系好的家庭里人是感觉轻松的，孩子跟爸爸妈妈像朋友，孩子有自我选择与决定的自由，也会为自己的选择而担当。

一个10岁的孩子哈韩，父亲是经典音乐的铁杆粉丝，母亲却是一个戏剧迷。不好的家庭关系大家只能各自为政，捍卫自己的兴趣，好的家庭会彼此分享、尊重，虽然也会有褒贬，却是商讨性的，不是强制性的。当孩子交朋友时，好的家庭会把孩子的朋友看成是家庭的朋友，给予欢迎与接纳；关系不好的家庭会给孩子讲利弊，替他选择该交什么朋友，或者制止他交什么朋友。当自己的朋友不被父母喜欢时，孩子是有感觉的，所以父母要顾及孩子的感受，还是要热情招待，不能贬低孩子的朋友。年轻人交朋友很大程度上是一种自我认同，否认他的朋友可能会让孩子认定父母看不起自己。

在好的关系中不用教育孩子，你的审美观、价值取向会通过共情分享传达给他。例如，爸爸喜欢读书，有一个很好的书房，把看书的事看得重要，孩子也会慢慢收集书，有自己的书房，喜欢与书相伴。让孩子在这个好的关系中潜移默化，这才是真正的教育。

怎样教育好继女

我是一个4岁女孩的继母，虽然她不是我亲生的，但是我很疼爱她，像所有父母一样望子成龙、望女成凤！她的父母在她一岁多的时候离婚，之后因为种种原因和她的姨妈生活了9个多月，才重新回到父亲身边。可能是在姨妈那里生活被娇惯了，姨妈不敢管也不敢多加教育，一味宠爱把她宠坏了，回来后感觉她身上的公主病比正常儿童都要严重！爸爸和爷爷因为她小时候的遭遇，怀着一种愧疚的心理去教养她，不敢重打不敢重骂，她一哭全家人就都慌了！可是我觉得就是因为她小时候的经历不同，大人才不该怀着那种愧疚的心理去教育，而是应该提醒自己：正因为她的经历不同，更应该要像正常管教儿童的方法去教育她！我和老公他们说了不能太宠孩子，他们也说让我放手去管，可是我始终觉得自己在孤军奋战，孩子被我骂之后就去找爷爷或者爸爸撒娇，我也拿她没有办法……最近她一直在说死啊死的，有一次她居然说等她爸爸死了，她就能想去哪里玩就去哪里玩了，在一次吃饭的时候居然说要毒死她弟弟的话！天啊！我该怎样去教育她？

回答：客观地说，你恰好是最不适合教育她的那个人，你与她之间没有血缘关系——自己的孩子打得骂得，别人的孩子打不得骂不得。古代有本书上说，（大意）在战乱逃荒的时候，看到一个妇女背着一个大的孩子，牵着一个小的孩子。有人问她为什么背着大的，小的反倒让他自己走？那妇女回答说，大的孩子是丈夫前妻的孩子，小的是自己生的，不能让孩子感觉到亲疏之别。这个故事说的是为人继母做人的德行，你也应当好好地想一想。4 岁的女孩有些骄纵，如果父亲、爷爷不觉得是问题，你也不应当看成是问题，甚至说你无权把这看成是问题。如果你想在这个家里有所作为，想为丈夫担当一些，把孩子视为己出，来做这样吃力不讨好的事情，那么你要记住关系是教育的前提，你没有与孩子建立良好的依恋关系，孩子在你所谓的教育中会心理受伤。只有关系好了，教育才会有效果。读你的来信感觉你更像是在主张一种教育的理念或者展示自己的价值观，你在描述中透露出对孩子父亲、姨妈、爷爷的不认可这样的信息。就目前而言，教育孩子的责任应该由父亲去承担，你反倒要站在孩子的立场去维护她的利益。这样你才能得到孩子的喜爱。

4岁的孩子由于经历了母亲的离去，对父亲的纠缠和依恋是自自然然的。孩子大多数都是以自我为中心的，或者说是自恋的，在她、父亲、你三人之间，你是她与父亲亲密的竞争者，无意识中担心你夺走了父亲对她的爱是孩子内心的恐惧。你越强势，在她面前批评她的父亲，她的这种恐惧就会加强。在分离的家庭里，孩子对父亲过度地依恋是孩子在补偿丧失的父母之爱，这种补偿要充分，至少在6岁以前，都要让她感觉父亲对她的爱是无条件的。因此，我也不建议你的丈夫在孩子未满6岁前试图去纠正她的行为。相反，你应该努力维护她与父亲的亲密关系，给予丈夫与她更多独立的空间和时间，不要凡事都插在两人中间，要懂得回避，知道尊重。这样孩子在潜意识里才不会把你看成是威胁，才愿意与你接近，愿意和你发展亲密关系。你和这个孩子能不能发展出一种安全感与亲密感是决定你的婚姻未来是否会幸福的一个重要的因素，你不要为了所谓的教育思想而本末倒置。要判断孩子的行为是否是教养出了问题，要客观地看她在幼儿园的表现，如果孩子在外面情绪、行为、言语发展都算正常，只是在家里有些耍小公主脾气，那么真不值得你担心什么。等她再懂事一些这就不再是问题了。如果她在幼儿园也有类似的行为，要多跟老师商量，由老师去引导她，相对来说是比较安全的做法。

有效互动比正确的教育更重要

顺应孩子的个性特点去引导，形成有效互动。

正确的教育与教育是否有效有时会矛盾，孩子吃不吃这一套是先决的，其实有效大于正确。当成人越来越老的时候，50 岁、60 岁，会发现很多事情是很难说正确或错误的。小时候，孩子具有很强的二律背反思想，什么事情都是对或错，被直线逻辑引导，凡事都要分清好坏，凡事都要讲因果。这样的思维是只适合孩子的思维。但是成年人会慢慢忘却这个单一的思维形式，而转向更加复杂和多元化的思维，家庭教育也是这样的。

父母常常高度关注教育的正确性，而忽视了孩子的适应力，结果教育适得其反。例如，孩子发脾气，跟某个同学打了架，觉得受到同学伤害，实际上自己是一个“肇事者”，是他打了别人。在他还有气的时候，你若用正确的思想教育他，就会跟他形成对立关系。他的愤怒还没释放完，不管这种愤怒是自我合理化还是掩盖自己的错误，教育他的这个时机都是不对的。只有等他的情绪平复、理性回归的时候，教育他才是可行的。教育孩子除了时机还要注意深浅，最好点到即止，不要把话都说白了，给孩子留下一些空间自我消化，这样孩子才能在错误中获得成长。

英语有句谚语说，“you can do,or you can't do!”你能做什么，不能做什么，作为家长要想清楚。聪明的家长会选择能做的事情去做，不能做的事情可以等一等，等到可做的时候才去做。有效的办法是追求教育的方式和时机，不是一味地灌输教育理念或者做什么、不做什么，追求有效的互动方式与交流方式要远比找一个正确的方式更有效。家长需要顺应孩子的个性特点去引导他，形成有效互动。

东方文化比较强调中庸、平衡、节制，倡导一种社会共性，不提倡彰显个性。但现代社会越来越多元化，有个性的人或许发展得更好。所以，在孩子小时候不要对其个性随意加以评价，要怀着好奇心去观察。

4 岁半的女儿希望自己是男孩子

我女儿目前 4 岁半，是一个非常漂亮的小姑娘。从 1 年多前她看了某个男演员出演的战争片后，也开始喜欢迷彩服。刚开始家里人都认为她只是一时觉得好玩，还给她买了几件迷彩的童装，可现在，孩子每天上幼儿园都要穿得像男孩一样，女孩的衣服一概不穿；在比自己小的孩子面前以哥哥自居；从最初说男孩好到现在说自己就是男孩；最新的偶像是特种兵……孩子刚出生的时候，公公和老公都有些失望不是一个男孩，可一直也非常疼爱她，难道这方面会对孩子有什么影响吗？孩子这样属于正常情况吗？作为家长应该怎么让她认同、接受和喜爱自己的女孩身份呢？

回答：看起来你做了一件给自己找麻烦的事，基本不能怪孩子，更不能怪老公与公公。3岁是一个孩子开始性别认同的重要心理时期，这个时候父母应该稳定地以孩子的性别去组织她/他的生活，包括言谈、举止、衣着、兴趣、习惯、同伴游戏、阅读物、同性与异性父母身体接触的差异、身体隐私（男孩可在外撒尿，女孩回家如厕）、洁净、修饰、起居室色彩、家具特征等。在性别认同关键期，你恰好让她喜欢男演员、穿迷彩服，自称男孩。这样看来，你对生女孩也可能没有真的认同，无意识地鼓励了女儿的异性角色喜好。好在孩子还小，改变过来也不是太困难。5

岁是孩子完成性别认同的最后时期，留给你的时间不算太宽裕。我们可以跟女儿来一个性别休克治疗：把所有男装都扔掉，衣橱里都是经典的女装；改变她寝室的色彩，用一种对女孩的口气跟她说话；如果她没有穿男装就不去上幼儿园，那就不上幼儿园好了，她耐不住在家寂寞无聊自然会去幼儿园；找摄影师给孩子拍一组非常漂亮的照片，先化一点妆，让她光彩夺目、神采飞扬，当然还要充满女孩的童趣；选一两张照片贴在墙上，每天赞美照片上的那个女孩，亲吻她（照片），跟照片说话。

有条件就为孩子在网上建立一个展示空间吧，把她一些女孩气的好照片秀出来，包括有趣的视频资料。你动员所有的朋友写评论在上面赞美她，也可贴一两张自家女孩的照片，最好不要有男孩，然后把所有赞美她的评论读给她听，让她感觉这样的穿着打扮有很多人喜欢。如果和幼儿园老师关系不错，让老师帮助强化孩子的性别特征效果会非常好。曾有一个 13 岁初二的女学生，也是不喜欢自己的行为和衣着特征，父母为此着急，班主任也很上心，为了帮助她，老师组织班上同学表演童话剧，选这孩子扮演白雪公主，以合理化的方式让她表现出女孩特有的娇柔可爱来，没过多久，女孩就开始喜欢漂亮的衣服了。也可以用一种渐进的方式，先在孩子中性的衣服上绣一朵花，或者在她的房间贴上卡通图片，一点一点地让她产生性别认同。对父母来说，首先不要认为孩子真的有性别认同问题，而是应该提醒自己，只是没有给予孩子适当的引导或是帮了一些倒忙，现在帮助孩子改正还来得及。现代社会对性别特征的要求比较中性化，看学生的校服、公司的职业装，你就能感觉男女服饰的差别在慢慢缩小。从一个人的发展来看，多少有点男性女性化、女性男性化，将来适应社会的人际关系、事业发展及婚姻生活会更容易一些。从这个角度来看，你的女儿在 5 岁以前喜欢成为男孩就不是什么问题，5 岁以后，她完成性别认同，知道自己是女孩，早年对男性色彩的喜欢就根植在内心，有一天她也许正好是一个更适应现代社会生活的人。

给孩子犯错的机会

哪里跌倒，哪里爬起，从小就要培养孩子自我克服困难的习惯。

孩子的问题是成长的问题，当然孩子的问题也是父母观察的问题。我们的父母很难用孩子的年龄去理解孩子的行为，往往会无意识地从大人的角度去要求孩子一定怎样、不能怎样，这样就可能创造了孩子的问题。有些父母在理性上知道对孩子不能拔苗助长，实际上天天都干着拔苗助长的事。社会主流意识中存在一种对孩子的言行举止的观察系统，是以通约的方式去建立观察的标准，父母会有意识地把自己的孩子与这个标准去比较，这没有错。同时父母也要想到儿童发展巨大的差异性与个体性，很多孩子本身没有问题，但用统一的衡量标准去衡量，就看出问题来。这有点像拿着圈圈去买鸡蛋，不是大了就是小了，合适的很少，比较灵活的标准是拿自己的孩子与自家亲戚的孩子做比较，因为同一家族的孩子往往发展速率相近。

孩子不可能没有缺点，家长要学会看孩子的优点而不是看孩子的缺点，有些错甚至还要鼓励孩子去犯。我在咨询中经常看到这样的情形，无论孩子改变有多大，家长眼中始终看到的是没有改变的部分，搞得孩子与治疗师都很沮丧。家长内心的潜台词是："改变是应当的，不改变是不对的。"如果我们反过来，盯着孩子已经改变的那部分，不关注还未改变的部分，家长内心就会充满信心，孩子也能受到鼓励。

对家长来说，总看到孩子好的部分，好的部分就会被放大，慢慢地其他的部分也好了起来；如果只看坏的部分，不看好的部分，坏的部分被强化，好的部分就会慢慢缩小，结果更糟。

不让孩子犯错误的想法本身是很荒唐的。什么叫错误？大家认为错误就是做了错事，但孩子可能不知道什么事是错的，想做就做了。一个孩子跟大人的对话挺有意思——大人对孩子说："宝贝，你必须先想清楚你要说什么，然后才能说，这样就不会出错。"孩子说："我都没有说出来，怎么知道我要说什么。"孩子没有说过或者做过一件事，怎么知道会错呢？你跟他讲100遍，他也不知道，因为他还没有犯这个错误。不让他去犯错，动机是爱孩子，结果却不一定好。

为什么很多大人会犯孩子的错误？原因是小时候没有犯错的机会，也没有经历过挫折。这可能是成人虐猫、大学生荒废学业的原因。我们的孩子从小面对比他们强大、阅历丰富的父母，同时还有一个相对固化的教育体系，他们没有犯错的机会。同样，孩子跟别人打架也是如此，类似的事我曾在电视节目里谈到。小学时我把同学的头打破了，妈妈带着我和那个孩子一块去医院处理伤口，打破伤风针，扶着他回家。从那以后接他上学、陪他回家是我必须做的事。直到一周后同学拆了纱布、伤口长好，我才脱了干系。经过这件事情，我再也不敢跟人打架了——太麻烦了！要付出好多好多代价，包括3个月没有零花钱。

我们经常遇到孩子偷家里的钱、撒谎、把东西打破了不承认的情况，但是这些错误对于孩子们来讲是很重要的，因为这是让他得到一个经验和发展一种能力的机会。允许孩子犯错，也要允许孩子为错误负责、学会担当。最不好的是父母过度保护。例如，一个初中孩子因为觉得好玩，再加上那天跟爸爸怄气，便不停地拨火警电话谎报火情，让城市消防队虚惊一场，经过一番核实相关部门掐断了他家的电话。第二天警察上门调查，家长起劲地跟警察狡辩，说孩子是误拨，孩子没有受到任何批评，家长替他受罚。接下来他犯错误的动力就更大了，有恃无恐，偷学校同学的自行车卖掉，骗女同学去网吧结识不三不四的人，后来被同学家长投诉，被学校开除。这对父母不去责怪孩子，反倒抱怨学校的无情，给孩子撑腰。不过，读者不要以为这对父母溺爱孩子，事实上孩子从小被严厉地对待，打骂是家常便饭，但他们却不容许别人、学校、社会对孩子说半个“不”字。两年后，在家闲着的孩子对父母有了暴力行为，把父母赶出家门，这对父母才开始求助心理医生。这对父母失去了一次又一次教育孩子的好机会，只能自尝苦果。

每一次孩子犯错都是促进他成长的资源，好的父母心里会说“终于找到机会了”，帮助孩子获得某种经验。不过，机会有了，教育孩子也需要时机。孩子犯错以后，父母需要等一等，看孩子怎么去应对、如何调整自己的情绪、调整与外部的关系。如果孩子主动要求父母帮助渡过难关，家长也要部分地帮助，不能替代。如果孩子自己解决了，父母可以找时间与孩子聊聊这件事，帮助他获得更好的处理危机的能力。父母最好不要强行插入去干涉孩子的行为、改善他的情绪，该经历的让他经历以后才是合适的教育时机。

儿子总是故意违反规则

儿子6岁，上幼儿园大班。他在幼儿园是一个让老师和所有孩子都头疼的小孩。他喜欢破坏别人的玩具和作品，却不喜欢参与集体活动，在活动中总是故意违反规则；上课从不主动回答老师的提问，如果被点名回答也是乱答一通；没有上进心，对老师的表扬和批评都无所谓；经常听不懂老师的指令，老师让完成某一项任务的时候，他只管自己做自己的；感觉他无时无刻不在想着或是玩着飞机，即使是上课听故事，都能用自己的手模仿飞机，自己和自己玩。但是在我们面前，他却不是这样的。老师说可能是因为家里管得太严，在父母面前表现好，妈妈就不会对他“念经”。老师认为还可能是因为前两年对他太关注导致了现在的“逆反”。

我没有太多的精力管儿子，不知道我是不是对儿子说教太多，或是要求太多。儿子这样的表现，我该如何管教他？又该如何调整自己的心态呢？

回答：读你的信感觉你家男孩不普通，这既可能是好消息也可能是坏消息。好消息是说从小不那么好管、不那么懂事的孩子长大了会是人精，特立独行，可能成为乔布斯那样的怪才。不好的是“行为特别”在老师看来是一个问题，中国的教育哪怕是幼儿园已经非常大人化了，适应良好的孩子相对比较容易接受老师的约束与规则，不那么在意人际互动的孩子会把老师的要求当耳旁风。畏惧与权威感是制服孩子的两大法宝，看起来你的孩子没有畏惧，也不那么在意权威，是不是你说教太多导致今天孩子对说教已经脱敏还不能下定论，但至少可以肯定你会有那么多说教与孩子本身难教是相关的。最好的心态是好奇，看看自己的孩子什么时候会懂事，男孩小时候懵懵懂懂的很多，越晚成熟的孩子智商可能越高。

6 岁的孩子的确是可以帮助他建立规矩了，问题是建立的规矩不能太多，太多孩子记不住，也不知道哪个规矩更重要，结果是没规矩。一些孩子的兴趣与专注点不在与人的关系上，建立规矩就比较难，需要家长与老师及时奖励。如果孩子在服从规矩中总是不愉快，对规矩的破坏动力就很大。在中国式的教育中，往往会形成一种教育的悖论，大人在规矩就在，大人不在孩子就没规矩了。给孩子建立规矩年龄不能太小，太小孩子不明白规矩的意义，建立规矩时也不能惩罚过多，孩子缺乏正面感受，结果破坏规矩就成为内心的一种快乐。比如说孩子在学习遵守一个规矩的时候，遵守的孩子可以得到奖励，不遵守也不会被批评，这样没有遵守规矩的孩子才会产生趋同力。例如，小明拿走小花的玩具，不批评小明而表扬小花，那么小明得到玩具的快乐就没有小花戴上红花大家为她鼓掌的快乐大，大多数时候小明拿别人的玩具的行为会被这样的情景消退。

让孩子在合适的时间犯合适的错误

孩子是在错误中成长的。

每个年龄的孩子必须被允许犯那个年龄可以犯的错误。心理学有一个挫折理论，即孩子不经历挫折是不会成长的。如果成人一直保护他，他经历不到错误，也就不能从出错中获得成长的资源。很多家长以为家长的责任是努力避免孩子犯错误，或者不愿让孩子体验太多的挫折，这样做的潜在危险是可能会使孩子内心过于简单，不能面对失败，不敢犯错，犯错后也难以担当。如果一个孩子从不单独睡觉，没有独自面对黑暗与孤独的经验，在处理内心的害怕与焦虑时就会束手无策。孩子两岁以后被放到另一间屋子里独睡会怎么样？他会非常恐惧，有时会变相惩罚父母，不理睬父母。没有关系，只要父母鼓励孩子并温柔地坚持，孩子的这种情绪很快会过去。对孩子来说，独自在黑屋子里过夜，他会慢慢地学会处理恐惧、接受焦虑，学习如何去适应，产生一套自我缓解情绪的心理机制，长大以后便不会轻易产生心理障碍。

孩子的许多问题都有它的时间性，什么时候犯什么样的错误，有自在的规律。心理学不喜欢对任何事下结论，原因就是重视事物的存在有一种时间性。许多孩子的缺点、毛病可能是过渡性的，会随着孩子的成长和家庭关系的变化而消退。如果我们简单地认为任何缺点都会从小变大，任何错误都是一贯的，那就会很焦虑。孩子今天考了 60 分，就认为孩子一辈子都只会考 60 分，这很麻烦。孩子考了 60 分，父母会暴跳如雷，他们的暴怒看起来是因为 60 分，其实主要是他们不能承受对孩子美好的期待落空，也不愿意与孩子分享挫折与痛苦。父母把问题扩大化了，忘了这个 60 分仅仅是孩子成长中的一个状态，是有时间性的东西。孩子撒谎、逃学、打架、学习困难、淘气，在合适的年龄就是正常的，等到青春期后再这样干就不可接受了。如果孩子小时候干过这些糟糕事，为这些事情承担过责任，那么长大后就不太会去犯。例如，孩子打坏路灯，家长坚持孩子一周花一个小时去大街清理垃圾、帮助路人，并把相应的零花钱捐给公益组织，那么孩子长大后会爱护公共财物，喜欢助人为乐。

把问题看成客人，是父母要学习的一种态度。客人来到你家里，你觉得不安逸、不随便，知道这个客人是要走的，不会因为不方便就活不下去。家庭出了问题，就像家里来了不速之客，它会自动走，只要心理上可以容许问题的存在，问题就会变小，对问题的焦虑也会消失。如果你希望问题马上消失、客人马上走，问题就大了，甚至像滚雪球似的越滚越大。问题的出现具有一定的周期性，孩子的学习也会有自然的起伏，不能幻想孩子学习不顺利的问题可以立即得到解决，或者立马要找到原因。学习是孩子的事，父母过度插手，不能容忍他在学习上出错，或者出了错马上想解决，学习问题就复杂化了。孩子的很多权利被禁止，电脑被收走、游戏不能玩、电视也不能看，孩子便失去了正常的成长与学习自己解决问题的机会。我们想解决问题，反而强化并扩大了问题，欲速则不达，形成教育的困境。心理医生鼓励把问题看成朋友，不是敌人。看作朋友，我们就可以把问题当成一种对孩子成长有益的资源，其乐融融；看作敌人，我们会草木皆兵，压力倍增。

民间有句话，“一些中医虽然不怎么样，但决不会把病治坏，不把病治坏的医生就算是好医生了。”大多数疾病本身可以自然康复，人本身有很强的愈合力。不好的医生会破坏人自然的康复能力，更有甚者会导致疾病加重。对待孩子的问题，家长要像那些看起来不作为，却决不会把问题搞大的医生一样。心理医生其实也是这样，他关注问题是如何阻碍家庭正常的生活的，希望问题是问题、生活是生活，不会强化问题，而是努力淡化问题。心理医生注重家庭的关系，不那么在意家庭的问题，而致力于改变关系，看看在新的关系下问题是否还是问题。心理医生不会把“心理健康”作为一个标准来宣传，不会说孩子或父母怎么样做就是对、怎么样做就是错，因为心理医生不可能比家庭还了解家庭，比父母更了解孩子。很难说一个家庭、一个孩子是完全健康的，每个家庭既存在欢乐、幸福、合作，同时也存在愤怒、争吵、隔膜……这些都是正常的。正如白天与黑夜不是对立分裂而是统一的两个面，疾病是健康的一部分一样。

7 岁的儿子怕黑

男孩 7 岁 3 个月，怕黑，害怕一个人睡觉，必须和我们睡在同一张床上，大人不陪基本不睡，经常 9 点上床，到 10 点甚至 11 点才睡，这让人很苦恼。我们尝试过很多方法，听音乐（小孩就在那里哼小曲）、讲故事（讲完后就是“十万个为什么”，不是说孩子提问不好，而是孩子的问题没有尽头）……有时听完音乐或讲完故事后，孩子会跟我们道晚安，但我们关上灯走出房间不出几分钟，孩子不是要上厕所（即使上床前已经上过厕所）就是喊“爸爸”“妈妈”“害怕”，问孩子怕什么，他说有奇怪的声音（我解释了那是水管中水流动的声音）或者说有人或鬼（我解释那是因为路灯照到树或者其他的东西映过来的影子，但还是不管用）。

上厕所也怕黑，从房间经过客厅到厨房最后到厕所，房间有灯，客厅也有灯，但孩子就是不敢经过厨房到厕所开灯上厕所。问孩子怕什么，他说：“厨房的液化气罐上有一张很大的口，里面有尖尖的牙齿。”

回答：5岁以下的孩子怕黑是一个再正常不过的事情。7岁的孩子也怕黑但大多数孩子不太愿意说出来，也许是因为我们的文化认为怕黑是个性怯弱的一种表现。很多孩子在成长的过程中开始接受黑暗带来的紧张感，这是勇敢的行为。当一个孩子开始独自睡觉的时候，怕黑这种情绪会伴随他好长一段时间，直到最终确定的安全感战胜了黑暗隐藏的那些不确定感，怕黑的心理才会慢慢淡化。成年人也怕黑，一个人走夜路的时候会汗毛倒立，风声鹤唳般地如惊弓之鸟。我下乡到农村，因为没有公路与汽车，想家的时候只能走路回城。夏季很热，我会选择太阳快落山的时候出发，路是青石板路，窄窄的，弯弯曲曲，穿过田野与山林，要走10多个小时，到家的时候一般是清晨七八点。天亮以前人在路上，心整个就揪着，心跳很快，有一点响动便会冷汗直冒。视觉一直是人类获得确定的、可把控的、安全与平衡感觉的主要依靠，当眼睛不能看透事物的时候，安全感就会明显降低。一个天不怕地不怕的人被蒙上双眼后，他的心理与行为立马变得犹疑不决，所以不要把孩子怕黑看成是问题。孩子一般会自动合理化自己怕黑，有怪物啊，有鬼呀，都是孩子的解释。家长要认同孩子怕黑，怕就是怕嘛，不需要什么解释。不当的解释会加重孩子的惧怕心理，所以家长还不如不问为什么，如果你问了，孩子就会创造出“橱柜怪兽”之类的东西来。

当然，很多时候怕黑只是孩子合理化自己行为的一种理由，家长要想想通常什么时候孩子会用怕黑这个说法。提前与孩子沟通，强化他的安全感。例如，在他的卧室放一盏声控灯，孩子轻轻咳嗽灯立即亮起来；或者父母陪孩子入睡，等他睡着了再离开，这些做法都比较有效。如果半夜孩子怕黑跑过来，父母也要坚持陪伴他回到他的卧室，慢慢地孩子就可以忍耐黑暗中的紧张与孤单了。心理学会使用一种代币治疗，如果孩子独立睡觉一个晚上，给予一个棋子，凑够5个或者10个，父母就满足孩子一个愿望，孩子在奖励的激励下勇气会大一些。不要告诉孩子怕黑是不好的，引发他对自我的焦虑，要说怕黑人皆有之，每个人都需要去面对。正如过斑马线，孩子最初也很怕，不能把握合适的时间，因为上学又必须去走，慢慢成功的经验就战胜了恐惧，过马路时不再那么害怕了。怕黑也是一种行为适应与学习的过程，家长不要因为孩子怕黑就任随孩子跟自己睡，要温柔地坚持让孩子睡自己的房间，父母可以去陪伴他。有一些方法也可以尝试一下。例如，建议孩子短期用一个眼罩，因为孩子会怕屋外的亮光投射进屋里出现一些古怪斑斓的影子；试试耳朵塞一个小小的棉球，不要塞紧，松松的，在入睡以前帮助他减少声音的干扰。要让孩子学会自己独立地睡，需要家长有耐心，一般会折腾几个月才能最终安定，家长要学会打持久战。

家长要学会表现无知

眼睛可能是不客观的。

不同年代出生的人内心存有一种固有的时代感，父母与孩子仿佛出生在不同的星球。最近 40 年，中国的经济改革给生活带来巨大的改变，今天的孩子生活在今天的时代，家长的内心也许还停留在以往的岁月。现实的影响力永远大于家庭教育的作用，如果两者背道而驰，给孩子成长带来的阻力就会非常大。脱离现实的所谓传统与唯美的教育是无效的，家长的教育需要顺应时代的发展。

父母不能真正理解自己的孩子，原因是成长的时代不同。一个比较好的方法是保持对孩子的好奇心，而要真正做到好奇，家长的内心需要保持一种“无知”的状态。正如古语所说：“士别三日，刮目相看。”每天都用全新的眼光去感觉孩子，可以减少父母意识对孩子成长可能带来的伤害。尤其是孩子进入青春期后，面对 15 岁的男孩、女孩，如果爸爸妈妈不主动从一个权威角色退出来，就会激发孩子对家庭权威的愤怒。几乎所有青春期的孩子都认为父母不合时宜、保守、冥顽不化、无法交流，这个时候父母如果还装出权威的样子，结果可想而知。

当然，不少父母可以成功地“镇压”住孩子的反叛，把孩子教育成自己时代的孩子，结果是孩子与现时代在心理上脱节，最终被他的时代淘汰。心理学认为孩子青春期后与父母的关系，会隐射他成年后与权威的关系：对父母毕恭毕敬、言听计从的孩子，成年后容易被同事与领导打压；相反，如果在与父母对抗中积聚了太多的愤怒没有说出，成年后会无意识地对权威愤怒、给领导找麻烦，吃亏的是自己；或者，与父母相处有太多挫败感，畏惧权威，成年后会与下属关系好，回避与上级的接触，也不能很好地与权威相处，竞争中易于退缩与失败。

父母面对孩子要适当隐藏自己的聪明，偶尔表现出无知的样子。孩子问：“为什么月亮有时是圆的，有时又缺了？”妈妈说：“是呀，我也不知道，不过听说有一本书讲这个事，可不可以找来看看呢？”几天以后，问孩子：“能告诉妈妈月亮有时圆有时缺是怎么回事吗？”以这样的方式与孩子互动可以给他们的智力发展留下很大的空间。在回答类似的问题时，父母要给予开放性的回答，避免非此即彼的回答。孩子小时容易陷入二分思维，把世界分成黑白两个部分，家长在与孩子交流过程中要引入多重视觉，这样做对孩子的智力促进非常有益。相反，如果孩子问：“天上为什么会下雨？”家长就像教科书一样把水的蒸发、云的形成、风的作用、高空气候冷却、冰晶形成、摩擦生电、最后下落遇热还原为水、成为雨……一口气都告诉孩子，孩子对雨的兴趣就会大减。同时，由于太多的信息让孩子头大，慢慢地孩子就不那么爱问问题了，对自然的兴趣也减弱了。

好心办坏事是家长们都干过的事。要给孩子的自我探索留出空间，家长要做的是指明方向，让孩子探索起来比较省力。除了无知、装傻，爸爸妈妈还要让权。所谓让权，就是在孩子成长的过程中，家长要学会逐步把孩子自我管理、抉择、行动的权利交还给孩子。小时候哪天爸爸妈妈不在家，或者说今天的家由我来计划管理的时候，我就特别兴奋，愿意干所有的事情——早上生火，打煤球，整理厨房，改变家具的位置，分配哥哥姐姐要干的事，设计菜单……还用自己积攒的零花钱买电影票，晚上招待全家看电影。实际上父母什么也没干，就是给了我这个家里最小的孩子一个可以支配家庭的权利。

女儿因失恋减肥身体健康严重受损

我的女儿今年17岁，目前在一所重点中学读高二。女儿是我从小一手带大的，上小学三年级时，她爸爸因工作的关系调至外地，有8年的时间孩子爸爸处于两地跑的状态。我女儿很乖巧，学习很努力，成绩一直在班级前20名。高一刚开学不久，我发现她和同班的一名男生经常互发短信。当时我很震惊，一时失了方寸，后来和班主任沟通，商量决定由班主任出面找两个孩子谈话，我不和她发生正面冲突，等老师谈好之后再慢慢做她的工作。刚和那个男孩子分手时，她情绪很低落，天天躲在自己房间里哭。我经常在桌子上发现她折的小卡片，写满了“I love you”。起初，我天真地以为过段时间她会慢慢好起来，但是，从高二开学开始，我女儿拼命减肥，现在人已经瘦得只剩一把骨头了。1.66米的个子，只有80斤重。无论我怎么劝她，她就是不好好吃饭，人也变得沉默寡言、萎靡不振。最近一段时间，她和班上的同学也不怎么来往，动不动就哭着说不想去学校上学，感觉很累。前几天我和她爸爸一起，和她推心置腹谈了一个下午，她哭着说：她和那个男孩子没有分手，还在联系，只是中间经历了几次分分合合，她已经没有开始那么爱他了。她觉得有很多事不是她想象中的样子，每天除了学习就是学习，和同学也没什么共同语言，学校的氛围令她感到压抑，觉得生活很没意思。因为身体太过于瘦弱，每天也是有气无力，没精打采的。

看着女儿憔悴的面容，我只有深深的自责和每夜流不完的眼泪，我觉得自己是很不合格的母亲，在孩子最需要帮助的时候，没能体恤她的痛苦，没有好好和她沟通。我好想再看到一年前那个活泼可爱的女儿！我好想她能够健康如初，调整好自己的状态！

回答：对已经发生的事情过多地追悔是最无效的事情，客观地说，你们做了该做的事，方法也算温和。设想如果你们没对女儿做这样的事，任其与男生发展，今天女儿因为与男友分分合合也同样会出现厌食倾向，是不是又要后悔当初为什么不制止她，女儿的今天全是你们听之任之，没有尽到父母责任造成的？换一种角度想，也许父母会变得有力量一些：女儿的问题是她生命发展中的一种状态，她必定要经历并走出这样的困境才能赢得明天的光彩。父母需要在女儿艰苦挣扎的时候努力营造良好的家庭氛围，给予她一种坚定的家庭温暖感。不管她当下的状态如何，都要真诚地相信她会战胜困难，走出困境。试想女儿的心境已经很糟糕了，父母再满腹愁肠、唉声叹气，家庭气氛的压抑会让一个情绪不良的女儿无处藏身、无处喘息。所以，越是这样父母越要振作精神，给予她亲情的支撑，陪伴她度过这段灰暗时光。最重要的是父母要调节好自己，不要给女儿太大的期待与压力，你们率先松下来，女儿的问题会好一大截。

女儿是否已经是进食障碍（厌食症），建议让女儿去医院做一个专业诊断。厌食障碍有几个临床指征需要关注：①皮下脂肪的厚薄；②血液电解质浓度；③女性月经是否规律；④二便的排泄状况等。如果已经够得上进食障碍的诊断标准，积极的医学治疗与心理干预是可取的。通常医学治疗是为了维持营养与平衡血液电解质，消除因营养不良可能造成的器官功能衰竭。有进食障碍的人由于长期的营养缺乏会出现认知歪曲，当然有时也是女性青春期对体像的歪曲认知导致进食障碍的发生，两者互相促进。改善营养状态也会减轻或者消除自我的认知歪曲，自我认知回归正常又会促进进食变得正常。单纯的心理干预效果有限，结合医学的营养纠正效果更好。对认知歪曲的人讲道理是没有什么用的，父母再推心置腹，苦口婆心也无济于事。对进食障碍的治疗是一个世界性的难题，除了被动地、周期性地调节患者的血液电解质、改善营养外别无他法。心理学对厌食症研究发现，在以下几种情况下厌食行为会有戏剧性改善：①完全陌生的环境，没人关注会使她自我关注减少；②一个阶段性生活方式变化，如高考结束，或者有了新的男友；③经历了一次因厌食引发的生命垂危，产生死亡恐惧激发怕死的情绪；④对某类事物产生强烈的兴趣，转移了心智方向，体验到获得成就的快乐。看看这些事情哪些是你们可做的。

尊重儿童发展规律

> 生命是在一种按部就班的顺序中完成的。

儿童智力发展规律

国际上有几大思想潮流：第一，认为每个孩子都有自己的特色，你不可能用一致性的教育把他教育好，也就是说别人的经验对你来说不一定就好。你必须用一种全新的方式看待你的孩子并陪着他长大。第二，孩子的智力发展与他 5 岁前接受的信息刺激有关。刺激需要一定的强度与重复的频率，信息要饱满，各个方面都要兼顾，不能是单一方面的。比如弹钢琴，孩子花大量的时间弹钢琴，也许考过 5 级，但如果他今后在钢琴上没有前途，那这段时间孩子的智力发展就会严重滞后，因为很多信息的刺激需要齐头并进。孩子弹钢琴久了，如果他不是这方面的天才，从中获得的快乐会越来越少，最后成为负担。家庭逼迫他继续弹，他恨不得把钢琴砸了。到底还要不要坚持，要怎么坚持？很多家长都很苦恼。现代教育理论认为，刺激够了就可以了，孩子以后会自己选择。小时候我们让他在运动、技能、知识、艺术、音乐……各个方面都有过经历，且体验时间足够长、刺激足够饱满，成年后他骨子里仿佛就有这个天赋。

这里介绍一个名词，即初始条件，初始条件不一样的孩子，未来是不一样的。一个孩子在农村、在一个消息比较闭塞的地方，他10岁以后来到城市，如果想成为一名艺术家、音乐家恐怕就不行了，要成为清华大学的学生是可以的，因为那种资源在农村也可以得到。教育孩子的关键是孩子生活的环境，城市孩子对艺术、对政治、对文化接收到的刺激比较多，思想会灵活一些。一个孩子5岁前如果没有受到相关信息刺激，以后要发展，那么不管他多么刻苦，比起受过此类信息熏陶过的孩子，也可能会困难许多。

儿童心理发展规律

0~2岁，母爱是中心环节，孩子易和母亲形成情感依赖，仿佛是一种共生状态。这个阶段是孩子深层安全感、亲密能力形成的关键期，希望母亲们用最温柔的爱与孩子相伴。

2~5岁，是父爱介入的最好时期，父亲的功能是把热恋中的母子分开，以促进孩子的成长与独立能力，并形成平衡的家庭情感。没有父亲的参与，母子的情感联结不能松懈，孩子极易因此变得幼稚与依赖。两岁以后，孩子尽可能与父母分床或分房睡觉，与母亲睡觉睡到很大的孩子常常是不那么愿意长大的孩子。

6~10岁，家庭需要建立良好的家庭规则与代际界限，注意性角色的培养。由于父母对孩子的关注度不同，要注意家庭慢慢发展的三角关系，如母子联盟或父女结盟，这种三角关系会造成另一位家长的游离，成为家庭的边缘人。在夫妻情感不良的家庭（婚姻破裂），要避免让孩子成为夫妻间的传声筒（替罪羊）。同样，母亲角色太强、父亲角色太弱的家庭（婚姻偏斜），不利于男孩子的个性成长。

11~15岁，对青春期的孩子，家庭的规则和教育要具有弹性，父母的情感要变得相对紧密，保持与孩子的界线并留出情感空间，以培养他的社会情感。对孩子的行为不能用简单的是非判断，而要采用积极认同和理解的方法，鼓励孩子为自己的行为承担责任，千万不能包办代替。当出现家庭冲突时，要把孩子的一些行为问题看成是伴随成长的问题，不要轻易就上纲上线。有的家长喜欢挑孩子的毛病，以为这就是爱和关心，其实，过多的批评易导致孩子自卑，贻害无穷。我们总是鼓励家长们多看孩子的优点，多夸奖和欣赏自己的孩子。事实上，夸大孩子的正性面就等于缩小他的负性面，等于让孩子的心灵沐浴在阳光下。

儿童情绪发展规律

悲喜是儿童与生俱来的情绪特征，新生儿除了哭就是微笑，这是他与外部联结的两大方式。到了两岁的时候，喜怒哀乐悲思恐七情都具有了。现在的孩子营养很好，情绪发展与心智发展比过去的人要快，也饱满许多。两岁以后，由于言语的学习，家长过早引入价值判断，孩子的情绪逐渐出现分离，知道哪些情绪是受父母欢迎的、哪些情绪会让父母不高兴，以及哪些情绪会激发父母的关心，孩子开始对情绪有了识别。父母的做法是跟孩子说话，对孩子的情绪进行命名：宝贝，你生气了？或谁让你这样伤心？帮助孩子对情绪进行识别与分类，是孩子学习情绪管理的前提，不过家长最好不要告诉孩子哪些是好情绪、哪些是坏情绪。情绪并没有好坏，只要适度就可以。家长可以在孩子情绪过度的时候给予适当的干预，让孩子意识到情绪可以表达一种意愿，但不能没完没了。进幼儿园以后，孩子生活在同龄的群体里，会出现情绪表达方式的模仿，同时由于老师管理孩子时会引入价值判断，孩子开始形成一些社会性情绪，如羡慕、嫉妒、欣赏、怨恨、愤怒、压抑、失落、得意、骄傲等。社会性情绪是人群里共有的，是孩子的社会性情感表达，不像那些原生情绪，是所有生命共有的。

这段时间，父母要帮助孩子体验不同的情绪，并允许他具有不同的情绪特征。不必对孩子的愤怒、敌意感觉害怕，帮助孩子识别并恰当地表达这些情绪是重要的。6 岁以后，家长可以帮助孩子建立情绪表达的适合方式。例如，在什么环境、什么时候、对什么人，应该如何流露情绪，并理解有些情绪对别人可能是不好的。一般来说，儿童情绪色彩大多比较夸张，表达情绪的言语也不够丰富，大人要多用感觉去识别，不要责怪孩子。小时候，情绪饱满的孩子行为发展动力大，情绪表达少的孩子心理活动要比别人多，各有所长，不能统一而论。

儿童认知发展规律

儿童的知觉发展具有生物学循序渐进的特征。首先是触觉，让新生儿的皮肤饱满接触外部世界是重要的。皮肤知觉的发展会很好地促进儿童心智的发展，不要把孩子包裹得太紧，要让他的皮肤更多地暴露在空气中。家长对孩子的抚触是唤醒孩子皮肤知觉最好的方法，一定要多触摸与拥抱孩子。儿童触觉发展涉及质感和温度感，在嗅、听、视觉没有发展成熟时，皮肤会保持一些嗅、听、视觉的功能，甚至具有色彩的识别能力，只是孩子不能表达，家长因此也无从得知。

伴随出生，孩子的嗅觉开始了迅猛发展，在半岁左右，儿童的嗅觉就基本饱满了。孩子的嗅觉是否敏锐，跟他在半岁前接受过什么气味有很大关系。大自然充满着很多气味，大人的嗅觉已经退化，嗅不出来，孩子却很敏感。两个月以后，孩子的视听功能也开始迅速发展起来，一直持续到两岁前后到达顶峰。这时候，孩子对色彩、形体、图像的辨别能力要比大人强很多倍；听觉也一样，这个阶段的孩子可以分辨出许多细微的声音，并对不同的声音有不同的反应。但由于孩子的脑皮层功能还未发育，所以对色彩与因素缺乏归纳的能力，也难以恰当表达，不过通过观察孩子身体的反应可以识别孩子的知觉能力。神经生理学认为孩子的神经末梢缺少髓鞘完整的包裹，所以对信息的反应虽然敏感，精细定位与固化反应的能力却比较差，等到神经发育完成，孩子的知觉才开始日渐完善。

随着孩子的社会学习与语言表达，孩子的大脑开始对一些信息予以强化保留，对另一些信息则予以筛除与忽略了，两岁的孩子知觉识别能力会有明显的衰退，如果环境单调、信息刺激单一，衰退就更明显。孩子大脑发展越快、语言学习越早、归纳与理解能力越强，知觉的废用与退化也越明显。生命体现着用进废退的进化特点，如果想保持孩子的知觉能力就必须经常带他去大自然，减慢学习语言表达的速度，尤其晚一些识字是重要的。知觉的饱满映射着心灵的饱满，智慧与创意也随之而来。所以古人说贵人语迟，拥有大智慧的人小时候语言功能一般不发达。

孩子的脑皮层在六七岁时开始生长，到 14 岁时饱满，理性知识、言语的学习可以促进脑皮层的功能开发。西方的孩子上小学才开始认识字母是有科学依据的，东方的孩子往往过早地接受文字信息的刺激，孩子学习抽象的文字符号时，大量的知觉特征就被分类简单化了，这可能得不偿失。

巧妙订立家庭规则

3 岁的时候，父母可以给孩子建立一些规则，但要尽可能少。一般的规则是在喂食、如厕、睡觉中逐步形成的。社会规则的学习最好是在幼儿园里习得，不必教育太多。孩子 6 岁以后，家长需要建立几个简单规则，比如尊重父母、自己管理玩具、吃饭习惯、使用一些敬语等。

家庭规则应简单明了，就像游戏规则，太多太杂就失去了规则的意义，毕竟人人都会犯规。订立规则有两种对立的态度：坚决和摇摆（Strong—Saggy），僵硬和温柔（Cold—Warm），以此作为双向坐标形成四个象限。建立规则的态度落在坚决和温柔的象限，孩子易于形成良好的行为和稳定的情绪；摇摆且过于温柔的象限，孩子会学会钻父母的空子，利用父母管理的差异，生出许多的毛病来；坚决但方法僵硬，孩子内心压力过大，易于形成身心疾病，久而久之孩子会利用发烧、肚子疼、头晕等躯体症状来逃避规则；摇摆且僵硬，孩子处在两难和无论如何都是错的境地，家庭里似乎什么都对又什么都不对，天长日久孩子会发展出神经症或精神病态的行为来适应和对抗规则。

聪明的父母要学会认输。当一个孩子不能做到某件事或者家庭的冲突不能化解时，家庭矛盾会慢慢升级，最好是有一方认输，关系才能变得缓和，问题也才可能变轻或消失，家庭可以获得一种有效的平衡。家长也要学习装傻，针对3岁以下孩子的好奇心，父母不要什么都回答，最好是问什么就答什么，不要试图在一个问题里把所有的知识都灌输给孩子，这样会挫败孩子的好奇心。例如，孩子问雨从哪儿来，父母只要回答是天上下的呀，带孩子仰头看天就可以了。如果孩子不往下问，父母不要试图把水的蒸发、云的形成、风的作用、高空气压与温度使水成冰、冰粒如何在云中碰撞摩擦、最后掉下来在半空融化为雨，一股脑儿都要说出来，孩子的头脑一时承受不了那么多信息。

女儿总是想摸我的乳房

我女儿现在7岁，各方面发展都不错。她有一个习惯，睡觉时要摸着我的乳房睡觉。我曾经试过给她毛绒玩具，一次还行，过两天就又想要摸乳房了。有时她看见我在换衣服，也会跑过来摸一下。不知道女儿的这种行为是出于什么心理？需要制止她吗？小时候她吃母乳到1岁半，她爸爸说是她小时候奶没吃够造成的。

回答：正如胎儿生命对母体子宫脐带的依赖，儿童对母亲乳房的依恋也是天经地义的。乳房象征着给予，婴儿通过对母亲乳房的吸吮来维持与之的身心一体感，母亲也通过乳房替代脐带来养育自己的孩子。人们很容易把喜欢含着乳头或者把玩母亲乳房的行为看成一种儿童拒绝长大，拒绝在心理上意识到与母亲分离的行为方式，这种方式是2岁前后的儿童依恋母亲、对抗分离焦虑的首选方式。一般这种行为在孩子3岁以后会慢慢消失，不会对孩子心理发展带来任何不良影响。你哺乳到1岁半，很可能哺乳期长了一些，弗洛伊德认为1岁以后儿童会发展一种口欲的快感，这是生命发展的动力，也许这种快感的滞留是你孩子渴望碰触乳房的原因之一。不过，许多心理学家不赞同儿童性欲的说法，认为是儿童对乳房的碰触和吸吮让成人感觉到快感，被成人投注了一种性欲而已，不一定是儿童自体的性满足。

其实，不管男女对母亲的乳房在心理上都有一种亲密感，相爱的人彼此亲吻乳房，也可看成是一种回归母亲怀抱的心理仪式。生命一直有一种潜在的追求：就是重温母亲的怀抱。恋人间的相拥如果让人感受如在母亲怀抱一般，会自然获得一种心理上的安全、温暖与极强的归属感，仿佛内心在说："我终于找到了我需要的港湾。"女性对男性温柔、关怀、怜惜的拥抱（不带性色彩），容易让男人心理退行到婴儿时代，男女双方的亲密关系会迅速发展。猜想女儿碰触你的乳房可能是一种依恋心理的外显，不必太在意。由于考虑生命发展的多样性，我们也不能先入为主地认为这样的行为不好。谁知道呢？也许女儿有这样的行为反倒更易于健康心理的成长。事实上，在中国文化下成长的人内心深处都有一种崇母倾向，这不仅仅是孝的观念，而是因由生命起源于母亲的一种神圣感。母亲与孩子之间永远存在一种心理纽带，母亲对孩子的滋养不仅是身体上的，更主要是心理上的和心灵层面的。在临床的观察中，一些身体弱、生性胆怯的孩子，的确会更多地纠缠着母亲，对母亲的乳房也会有特别的兴趣，也许正因持续着这样的行为，才让这些柔弱的孩子们逐步变得更坚强。当然，如果母亲想改变这种情况，唯一可行的方法就是分房睡觉，不在女儿面前赤身裸体，让她对母亲的关注慢慢转移到其他层面。

孩子要学会感恩、敬畏、宽容……

再大的容器也大不过海。

家长应该给孩子哪些“礼物”呢？

第一，要帮助孩子建立一颗感恩的心。感恩的心源自宗教的一个理念，是让孩子学会感激。多年前，一位美籍华人母亲根据亲身经历写了一本书叫《黑暗的呐喊》，讲述自己如何陪伴一个有抽动障碍的孩子长大。家长一直试图用感恩的心感染那个孩子，因为他非常有攻击性，经常说脏话，攻击美国社会，甚至骂当时的总统……当时真没有办法，父母没有办法，社会也拿这样的残障孩子没办法。家长最终选择了宗教的思想，在孩子小时候每天睡前为他朗读一段《圣经》，不管他听还是不听；大一些要求他每天读一段，不管他理解还是不理解，喜欢还是不喜欢。慢慢地孩子对情绪有了很大的自制力。我为她的书写了一个序，把学会感恩、感激别人、每天有一颗感恩的心看成是软化孩子攻击性动力的有效方式。书籍出版后，许多美国家长带着类似的孩子到北京来找我，我也从西方倡导博爱的文化中学习到不少东西，开始对基督教有了更多的认识。

第二，家长要让孩子学会敬畏。敬畏心需让孩子从小到大耳濡目染。爸爸妈妈不懂就是不懂，不要不懂装懂。不评价自己不甚明了的事情，不人云亦云，不对任何事情全盘否定与肯定，对不知道的事情不要随意表态，如果要传输给孩子一个观念，一定要说："父母这一代是这样看，是否真的适合你就不一定了。"一件事情爸爸妈妈不喜欢，如日本的漫画、韩国的肥皂剧，不要随意评价，因为一代人与另一代人的情趣有很大的不同。针对社会现实也一样，父母不能当着孩子的面肆意评价社会、学校、教育等，这是不敬畏的行为。网络上经常有所谓的热点，管它真与不真，其实都是人们在发泄情绪。孩子看到这些可能受到不敬畏的影响，变得信口开河。

敬畏之心是感恩的前提。在古代文化中敬天地、怕鬼神、孝父母、尊师长是一种做人的基本态度。现在不敬天地、不怕鬼神的人实在是太多，这样的人很可怕，他们没有敬畏之心，没有责任意识，也缺乏必要的道德伦理约束，什么事都敢胡说八道。虽然现在是无神论主导社会意识，不信鬼神，但不可没有敬畏之心。例如，科学对真实与真理的追求，这需要人更大的敬畏才能真正做到实事求是。

不过真实也许比鬼神更难让人把握，存在到底是什么？生命到底是什么？哲学上人们可能永远也不能穷尽其真相。人类的智商还不足以让我们了解整个自然的存在，这跟“盲人摸象”有一好比。我们的视觉、听觉、感知觉能够触及的存在只是大象（存在）的一只腿，我们从这只“象腿”推衍出整个的存在来，所以对真实要有敬畏的心，你不能不信，也不能全信。但人有理性，不能真的把能够感觉的东西看成是存在的全部。和某些生物比起来，我们对自然的感知有很多缺陷与限制。认为自己什么都知道、什么都在掌握之中，那就是缺少敬畏之心，没有敬畏的民族是没有前途的，没有敬畏的科技也不能长久发达。

第三，家长要帮助孩子从小懂得宽容。首先从宽容自己开始，不能让孩子只宽容别人，却苛求自己，因为苛求自己的人绝不会去宽容别人，如果表现出宽容别人，他的内心一定会积攒压抑与愤怒，不是真正的宽容。在江苏电视台的一档节目《最强大脑》中，曾有一个孩子因失败而在现场失声痛哭。可以看得出他对自己不够宽容，赢得输不得。

宽容是中华民族的传统美德，这个品质需要为人父母者在孩子小的时候就开始培养。不管是感恩、宽容还是敬畏，如果孩子小时候被爸爸妈妈潜移默化地培养了这样一些美德，相信孩子长大以后一定不会差，更不会出现什么心理障碍，也不会陷入行为方面的一些困境。别人也会喜欢与他交往，因为他有感恩、敬畏、宽容的心，从他那里能够得到温暖与快乐。一个苛求自己也苛求他人的人，带给别人的快乐很少，就没有人愿意与他往来。

要不要做全职妈妈

我目前在一家IT公司上班，孩子即将出生，因为没有父母公婆可以帮忙带孩子，而且现在上海请专门带小孩的保姆价格太高，还不放心，算来算去还不如自己辞职回家带。但同样也面临了最大的问题，就是以后怎么办？未来的职业如何？现在我也没想好以后到底干什么。毕竟做IT的，年龄越大越容易被淘汰。我该何去何从？

回答：鼓励母亲在家养育孩子到3岁，将对提升国人素质大有裨益，中国文化基本是母性教化衍生而来，无论是孔子、孟子还是其他的哲人大多父亲早亡，背后有一个温暖、坚定、聪慧的母亲。20世纪是弗洛伊德的世纪，原因正是心理学揭示儿童早年的遭遇决定着他成年以后的心理与生理的素质。为了保障孩子的心理发展，要求女性为幼小的孩子辞职在家基本上是全球人类的共识。英国的撒切尔夫人曾在一次儿童节发言，“如果我有一个孩子需要养育，我会辞掉总理的工作回家陪伴孩子”。如果母亲生育了孩子却为了事业发展把他交给他人去带，会被认为是一种逃避社会责任的自私行为，她的朋友们会瞧不起她。几乎所有发达和相对发达的国家都会给在家养育孩子的母亲一些重要的社会保障和普遍的尊重，当她们重返社会工作的时候，社会会给予优先的权益。我国从 2022 年 1 月 1 日起开始实施《中华人民共和国家庭教育促进法》，对父母养育孩子的行为进行指导和监管。但整个社会对母亲的支持和指导还远远不够。今天我们如何对待孩子，20 年以后孩子就会如何来回报社会。今天我们不保障儿童的利益与权益，不给予孩子社会关怀的温暖，当他们长大主掌社会时也难以给予他人温暖。

我认为，中国在某种程度上存在着社会信任危机与缺乏对母亲养育孩子的培训相关。如果社会不愿真正承担起支持、教育、帮助母亲的责任，关怀与保障儿童成长时期的衣食住行，只靠向榜样学习来提高人们的社会责任感是无效的。心理学认为 3 岁以前的经历决定人成年以后的心理素质与社会适应能力。良好的母婴关系、衣食住行的基本满足、温暖安全的社会环境是孩子健康成长的必备条件。今天主导社会意识的人出生于 20 世纪六七十年代，他们的童年大多缺乏母亲的陪伴、物质匮乏、社会动荡不安，无论今天他们变得多么富裕，内心依然会或多或少地保留着冷漠、不安、物质饥渴感，缺乏信任、满足与社会责任。90% 以上的心理疾病在儿童 3 岁前就种植下来了，如果母亲能够全心地养育孩子到 3 岁，那么孩子的人格可以拥有自尊、自信、善良、爱、共情、自由决策、独立、责任心强等美好要素。我相信母亲亲自养育孩子是对国家、对民族的尽责，义不容辞。呼吁政府用切实的方法保障回家养育孩子的母亲的经济收入与生活品质，这样我们的民族定会有更好的发展。

给孩子三个美好的假定

如果连想都不敢想，又怎么去创造呢？

家长要鼓励孩子做三个假定。

第一，要假定我们这个世界是美好的。很多父母无意识地影响着孩子对这个世界的看法，包括我们对现实的不满、对一些不公平现象的抱怨、对一些不道德的人的愤怒。父母如果身处不太好的生活环境，也不要忘了需要保护孩子幼小的心灵，尽可能给予他美好生活的感受。

奥斯卡获奖影片《美丽人生》讲述了一个犹太爸爸在纳粹集中营，努力把现实看成游戏，不让孩子的心灵被集中营的苦难生活影响。父母如果能维护好孩子的美好心灵，孩子成年以后的幸福感就要强许多。一个有美好心灵的孩子成年后会致力于社会变革，去实现儿时积累的幸福感。在现实生活中，家长应努力去合理化孩子可能遭遇的一些不快。父母从小给予孩子正向的情绪与追求，把社会善意、良知、关爱根植在儿童心里，等他们长大自然会把这些情绪反馈于社会，促进社会的进步，父母这样做跟名副其实的社会改革家推动社会变革没有什么两样，甚至更加有效。哪怕世界还有恐怖袭击与恐怖主义、国家与国家之间还存在你死我活的斗争、民族与民族之间还有隔离与对抗，甚至还有很多贫穷的地方的人们吃不饱、穿不暖，但是坚信这个世界是美好的或者正趋近美好，父母不管做什么或者想什么，身心都洋溢着积极向上的气息，对孩子的成长很有意义。

为什么学校的教育是美好的教育呢？其实是有道理的。因为孩子的心灵在早年的时候没有鉴别能力，儿童心理发展在一个美好教育体制下要比在一种残酷的现实教育里好，现实教育要等待孩子满了 18 岁才能实行，那时候的孩子有了很好的积淀，也会更正面地看待问题。我们的孩子在什么样的环境中长大、家长与学校老师施予何种教育，在某种程度上决定着孩子成年后接受什么样的现实、去创造什么样的生活。100 多年前，德国宰相俾斯麦曾说：“我们今天如何对待孩子，20 年后孩子就会如何反馈于社会。”好教育的重要性可见一斑。

在孩子小时候，爸爸妈妈要让孩子感觉到这个世界是可爱的、值得珍惜的，由人类、动物、树木、花草构成的庞大的现实世界，充满活力与美好，孩子长大后才会去珍惜这个世界存在的一切。小时候不引导孩子去珍惜这个世界，长大后孩子也不会珍惜自己、珍惜生命、珍惜自然万物，损失是巨大的。父母应当从自身做起，成为孩子的表率，引导孩子看到信任、关爱与负责的那一面，而不能在孩子面前抱怨社会、抱怨他人，造成孩子内心难以信任、关爱、珍惜他人，结果一生都会蒙上阴影，难以获得幸福与满足感。

第二，我们要假定人与人之间是友爱互助的。对人的信任是从小形成的，人不能独立于这个世界，需要与很多人共构社会现实，爱他人、信任他人尤其重要，父母要教育孩子一定要助人。为什么要这样教育孩子？因为信任他人的人也会信任自己，孩子成年后易于适应社会人际关系。父母教育孩子不要轻信陌生人、不吃陌生人给予的水与糖果、不接受陌生人的礼物、不要随便跟邻居去他的家，这些教育是安全教育，是可行的也是必要的。与基本假设中人是善良的、可信的并不矛盾。相反，假定人都是很邪恶、自私的、不可信的，孩子的内心会对人际关系存在负面感受，成年后难以在复杂的人际关系中找到自己的位置。从小就用一种防御、敌意的眼光看人、与人交往，孩子成年后会更多地感受到人群中的敌意与欺骗，对善意的人际关系也会充满怀疑。告诉孩子：人都是互相友爱的，你困难的时候别人会帮助你，别人有难时你也要帮助别人，这样孩子就会学会主动关心别人，同时也会得到他人的关心。人际关系的一大法则是你如何待人，人们就会如何待你，在孩子小时候就要鼓励他们去共情。孩子从幼儿园回来告诉妈妈今天佳佳哭了，妈妈问他：“看见佳佳哭你有什么感受呢？”他会说心里挺难受的，此时妈妈要及时告诉他人与人的心灵是相通的，这就是在培养孩子与他人的共情能力。

第三，要帮助孩子建立这样的假定：自己是可爱的。哪怕用主流文化观来看，孩子学习不好，个头也不高，长得也不漂亮，但这都不重要，重要的是你让孩子从小就要感觉到他是可爱的。父母要给他这个假定，让他活在这个假定之中，肯定自己是重要的、可爱的、讨人喜欢的。如果他境遇不佳，缺乏社会环境正面的激励，不妨告诉他《丑小鸭的故事》；如果他有弱点、犯错误，要告诉他好孩子也会犯错误，重要的是不犯重复的错误，这样孩子才不会被错误打倒。

孩子觉得他是可爱的，老师批评他的时候，他会有勇气面对自己，即便是老师冤枉了他，他也不会认为老师是故意伤害他，只会认为老师可能是误解了，好老师也有犯错的时候，对老师会更加宽容。如果同学跟他生气，他不会认为这个同学是专门针对他的、怀有敌意，他更能想到可能是误解，误解是可以通过交流去化解的。

很多父母担心如果让孩子活在这三个假定下，孩子容易被人骗、被人欺负，其实不会。即便被人欺骗了，被人冤枉了，孩子美好的自我还在，还会信任他人，还会相信自己。那种一被骗就不相信他人的人，内心缺乏美好感，才会不堪一击。如果父母给孩子三个糟糕的假定：这个世界是糟糕的，不值得珍惜的；人是残酷、自私的，有敌意的；自己是不重要的，没价值的。可想而知孩子的内心会多么荒寂与孤独，尽管没被人骗，没有吃过什么亏，但是也永远无法快乐。有这三个美好假定，也许被一个人骗了、一个好朋友远离他、失恋了、愿望受挫、事业不顺利，他都不会失去太多，因为内心的美好别人拿不走，他还是生活在自我肯定中。有三个假定支持，人很快会从挫折中崛起，因为他知道这个世界永远是美好的。用问题取向看世界，世界看起来会很糟糕；用资源取向看世界，世界充满光明。想想人类发展才几千年，人类社会与科技发展如此之快，当你与人类共命运、同患难，你会感受到无上的欣慰，因为自己是人类的一员。

第二章

营造成长的环境

强弱
——母亲更能影响孩子的心理发展

一个喜欢抱怨先生是软骨头的太太不知道，抱怨会使先生骨头越来越软。

在孩子早年的心理发展中，母亲的作用远大于父亲。想想孩子是从母亲的身体和怀抱中逐步分离出来的，你就会相信这样的观点没有错。与母亲的关系几乎决定了每个人内心是否具有足够的安全感、亲密感、快乐感与成长动力，而父亲却是他最初的成长和自我认同中重要的伴侣和领路人。心理医生在面对患有神经症性冲突（恐惧、抑郁、焦虑等）和行为紊乱的成人和孩子时，需要对早年母子或母女关系做细致分析，我们往往能找到一个很严厉、很正确、很负责任的母亲或者类似严母的父亲。和这样的家庭打交道，要说服母亲给予孩子犯错误、说“假话”、干“坏事”的自由有时比登天还难。因为这样的母亲肯定是一个很讲道理的人，做事总在理上，做人做得勤勤恳恳、当母亲当太太也当得很认真。和她们说话，你常常感觉有点气短，有点理亏。早在20世纪50年代，从事家庭治疗的精神科医生就提出“婚姻倾斜”的心理学概念，认为家庭中父母一方有采用破坏性方式来支配家庭的倾向，而另一方却显得依赖和柔弱，对其逆来顺受。孩子在成长的过程中则会将这种倾斜关系视为正常，失去构建平等关系的能力，要么依赖，要么强权。

倾斜

——平衡是家庭关系第一原则，倾斜也是一种平衡

没有怯懦的父亲，也不会冒出强悍的母亲，两者谁是因谁是果很难分清。

在临床治疗中，我常常观察到母亲的角色感太强，使父亲在孩子成长中的作用被弱化，甚至被迫游离于家庭的亲密关系与教养关系之外。平衡和谐的家庭格局不能建立，孩子在与母亲的互动中，便没有了父亲的插入产生的心理缓冲空间，也失去了在双亲行为中做适应性选择的权利，孩子与母亲的行为应答方式被简单化到服从和不服从。久而久之，成长的动力被压抑，变化与对抗的欲望被耗竭，导致孩子的心性发展延迟。母亲的咄咄逼人和父亲、孩子的怯懦形成一种鲜明的对比。有些人会不自主地想压制母亲，迫使母亲退后一点，再扶父亲一把，以此让孩子在居中的位置上比较好过。而实际上，家庭治疗师并不会匆忙

地否认父母双方的关系，“倾斜关系”常常隐含着一种内在补偿，有一种隐藏着的和谐。换一句话来说，没有一个怯懦的父亲，也不会冒出一个强悍的母亲，两者谁是因谁是果很难分清。

家庭治疗师会把倾斜看成是家庭的一种存在方式，分析孩子的问题是否是在维持或者破坏这种关系。如果家庭希望孩子的问题消失，可以问家庭是否愿意先改变倾斜关系，看看在均衡的家庭关系下孩子的问题能否改变，这是家庭的一个选择。

是非观念强的人会无意识地充当家庭的评判人，批评那个看起来很强、内心实际很苦很累的母亲。聪明的家庭治疗师会与母亲结盟来寻求母亲的大力协助，把母亲看作协同者而非挡路石。最糟糕的事莫过于治疗师试图帮助母亲“镇压”孩子，挫败孩子潜意识中对关系的“反抗”，以为错都在孩子。其实，大多数孩子的行为紊乱最初都是指向家庭的，尤其是指向那个与之最亲密的人——母亲。需要孩子有变化，母亲父亲要率先改变，心理治疗的效果才能维持。

平衡
——“母子同盟”是对家庭关系的一种补偿

母亲与孩子死死纠缠在一起，有时不是为了要挟父亲，而是为了自保！

“母子同盟”是家庭治疗师对家庭关系的另一种描述，它几乎是“婚姻倾斜”的反转。

在一些家庭里，我们常常看到一个很权威的父亲，斥责母亲过度地娇惯和纵容孩子，而不争气的孩子一心一意黏着母亲。“母子同盟”常常是经久绵长、无坚不摧的，这样的母子关系可能会是男人心中无穷的烦恼。你和太太红脸的时候，从孩子的眼光中你就能读到恐惧或愤怒，你叫他“宝宝”的时候，他会扭头不理你，甚至不再管你叫爸爸。如果你有心要给孩子一些苦头，找孩子的一些别扭，你会立即发现自己陷入一种困境，因为任何对孩子的不满都会自然地归因于太太，本是一番好意转眼就成了驴肝肺。

“母子同盟”的另一个心理学描述是父亲在家庭情感关系或权利系统中缺席，比如长期出门在外、个性松散自由、放任不羁、没有责任感等。母子依恋成为家庭情感维系的中心，母亲和孩子构成一种补偿性“婚姻关系”。这样的家庭关系中，孩子是父亲腿上的一个“绊马绳”，母亲会主动地给丈夫呈现甚至夸大孩子的问题，以此来向丈夫“索取”应该得到的关心。在旁人看来，这样的母亲有两个孩子：一个是永远无法成熟的丈夫，一个是永远长不大的孩子。

第三类“母子同盟”的心理学描述是指那些人格不完整、内心缺少安全感、缺乏自我认同和对亲密关系不信任的母亲，通过下意识地对孩子的深层依恋来获取内在的稳定。一般来说，母子热恋是孩子从出生到两岁之间的一种母子不可分离的相互依存的状态，个性依赖的母亲会被这种深度亲密带来的愉悦感迷醉，以致对孩子“成瘾”。在这样的家庭关系中，母亲要和孩子睡觉睡到孩子很大的时候，父亲却常常是过厅或次卧里的房客。有时候，个性弱的父亲可能成为一个家庭情感的边缘人或流浪者，他不得不靠讨好母子来维持他在家庭中的位置。

恋母
——绕过“母子同盟”读懂家庭关系

当丈夫还没有长大时，母子结盟有时也是为了补足家庭功能。

根据家庭病理学说，“母子同盟”让孩子成为夫妻个性冲突的一个投射“容器”，夫妻无意识地把婚姻的问题转嫁给孩子，孩子活得像一个替婚姻受罪的“道具”。由于母亲性格、情绪对同盟中的孩子有很强的认同与内化作用，孩子的自我发展被压抑，这种压抑会延续到青春期并被猛烈地释放出来。同样，母亲的过度亲密使男孩性别认同与性意识发展延迟，不少男孩内心印刻着无论如何也摆脱不掉的“俄狄浦斯情结”（恋母情结）。

对“母子同盟”关系的认识与临床心理治疗可能是两回事，心理治疗师并不会拘泥于以上简单的逻辑关系来看待“母子同盟”。一般我们首先接受这种同盟是家庭关系的一种补偿状态，在新的平衡关系没有确立以前，“母子同盟”可能是家庭内部平衡的有效机制。带着这种观念走进家庭，治疗师能保持位置的中立和更广阔的观察角度。我们会狡猾地绕过家庭成员给予我们的是非因果，也不去充当家庭的教育者或关系的调解人。我们对家庭呈现给我们的东西保持高度的尊重和认同，并协同家庭找到今后发展的多种变化的可能，以此来降低家庭内部的焦虑。我们不讨论家庭为什么会这样，或者孩子为什么会出现这样或那样的问题，相反，我们乐于承认我们对问题的成因一无所知（装傻）。我们只愿意与家庭讨论这种“母子同盟”是怎样被维持下来的，如果家庭选择不改变，每个成员需要怎样做才能使同盟看起来并没有那么糟；如果家庭选择变化又要怎样来建立新关系和怎样维持变化的可持续性。治疗师在治疗中很愿意和家庭坐同一个板凳，如果习惯坐在家庭的对面，让家庭把麻烦、恼怒一股脑儿地抛过来，那才是吃不了兜着走。

分裂
——儿童神经症的诱因之一

如果孩子成为三头六臂的哪吒，也许能够满足双亲的多重需要！

20 世纪 50 年代的心理学大师塞奥多尔·利兹（Theodor Leeds）对家庭关系的一种描述是“婚姻分裂”。利兹研究儿童精神病（躁郁症）时认为家庭内部没有形成良好的结构和角色分化，夫妻间过分独立、缺少必要的情感交流和亲密依赖，甚至是夫妻同床异梦，彼此疏远、满怀敌意的竞争，拼命试图从孩子那儿得到忠诚与亲近，都会导致孩子无力适应。孩子的内心会强烈地感受到家庭内部的不稳定，他会迅速发展出一种自我控制来应付或摇摆在家庭对立观念或非此即彼的关系模式中，用自我“分裂”补偿性地满足父母对家庭关系的需求，以维持家庭分离中的统一、冲突中的和谐。在这样的家庭关系中，平衡是靠孩子勇于

“自我牺牲”来实现的，孩子的问题实际上是家庭维持的一个要件。但补偿总会有个极限，一旦缓冲失败，孩子可能遇到大麻烦，要么过度控制自己——抑郁，要么就是发泄性失控——躁狂，并持续摇摆在这两种情绪状态中。过度控制的孩子可能会把这种家庭冲突潜抑在内心深层，成为成年神经症或身心疾病的心理根源；失控的孩子却像是一种对“家庭现实”的反叛，逼迫父母改变态度，调控家人，这种失控在医学上称为儿童神经症或儿童精神病。

获益
——情绪障碍是孩子内心对家庭对立的一种逃避

再权威的父母也经不住孩子没头没脑的眼泪。

治疗室里，面对有行为障碍或情绪异常的孩子，夫妻常常会互相推卸责任或埋怨对方，治疗师被迫成为家庭问题的仲裁人，扮演一个运用反向力量来维持家庭稳定的权威角色。在孩子抑郁时，一味想鼓励或激活当事人，并通过削弱父母对孩子的控制来增强孩子的行为自觉性；在孩子躁动时，又反过来帮助父母压制或限制冲动的当事人。在这两种情况下，治疗师看起来是在对症处理，实际上是在替家庭分担责任，构成治疗师—父母—孩子这样一个扩大了的家庭系统。治疗师成为平衡家庭的要件，可能诱导家庭对治疗师过度依赖，使家庭问题不仅不能得到解决，反倒呈现慢性化发展趋势。另一类“狡猾”的孩子，把他们的情绪问题通过躯体的症状表达出来，被现代医学标定为多动障碍、胃肠型癫痫、头疼、消化不良、心慌、支气管哮喘等儿童身心疾患。这些症状对家庭“硬”的关系有一种巨大的软化力量，使父母矛盾相对缓和，孩子也可以从症状中“获益”。经验缺乏的治疗师认识到孩子得病的内在机制，便热衷于对家庭进行矫治性干预，试图让家庭的对立关系变软，帮助孩子从分裂关系中解脱。这样的工作必然涉及对父母双方的评价、为孩子建构得病成因、引入新的价值系统，让家庭感到不安全。成熟的治疗师会采用中立的态度，回避在对立的双方中进行选择，有时甚至采用和稀泥的方法，模糊掉双方的观点差异，把对立的不合理接纳为一种并存的合理。有时可以采用双治疗师策略，让两位治疗师代表父母双方演绎如何把家庭的对立转化为彼此的接纳。其实，情绪障碍是孩子内心对家庭处在矛盾对立中的一种逃避（一种分离愿望），而躯体症状则是无数次分离受挫后情绪压力下的躯体化，为了防备孩子的躯体长久地处在情绪紧张中，接受甚至鼓励孩子情绪外泄是双亲和治疗师都要清楚意识到的事。

成长
——别让家庭的期望成为孩子的负荷

孩子长不大的原因，有时可能是负荷太大！

心理学家认为中国的独生子女政策（已于 2021 年 5 月 31 日起实施三孩政策）并非只是让一个孩子骑在 6 个大人（父母，爷爷奶奶，姥爷姥姥）的头上，呼风唤雨、作威作福。一切付出都需要一种潜在的回报，在那种表面的风光下，孩子的身心发展被大人们过度预支而至负债累累。

一个家庭像一个系统，会无意识间形成一种期望，家庭往往会被这样的期望约束，变得盲目而不自知。东方文化重视从小看大，认为小时候都难以出类拔萃的人，长大了更没出息，所以，孩子们必须从娃娃时抓起，循序渐进。当一个家庭的期望指向孩子的学习与才华时，那么家长便会一厢情愿地介入“帮助”以期促进孩子。有时候明知这样做毫无效果，甚至适得其反，却欲罢不能。家庭治疗师把这样的关系看成："家庭是通过对孩子的期望来实现一种家庭内部的情感交流、责任的联结与权利分配，并将它们合理化。"主流视角会对这样的说法有天然的反感，因为主流视角是一种成人的视角，把教育孩子看作一种责任。但系统的视角却发现父母在教育孩子的过程中掺杂了许多附属品，或称教育中的不当获益。要知道孩子的成长需要父母像土壤，供他们伸枝拔节，而不是成为套马的缰绳。

交流

——无效的交流满足了父母的需要，却带给孩子压抑

大多数不爱说话的孩子并非无话可说，而是不敢说。

透过治疗师的视角来看家庭，我们可以发现父母与子女间的交流是如何达成的。大多数家长与孩子的语言交流是单向的，或称指导式的，孩子一般也不直接在语言上对抗父母，这与中国文化原型中的“孝顺”有关。更多交流的信息流露在孩子率真的表情、情绪与行为变化中，遗憾的是，父母们常常视而不见。

比如孩子回家，母亲问：“今天怎么样？”孩子犹疑地回答：“还行。”父亲立即插嘴：“什么叫还行？”孩子挤出一点笑容说：“没被老师批评。”母亲紧逼说：“没被批评就行吗？”孩子无语。母亲又说：“什么时候你能得到一次表扬让我们高兴？”孩子嘟囔说：“好的。”父亲接着说：“别

敷衍你的妈妈，她可是为你操碎了心。”孩子的脸毫无表情。父亲加重了语气：“你知道怎样做才能得到表扬吗？”孩子局促不安地回答：“不知道。”父亲严肃地说：“首先是学习好，刻苦上进，听老师的话……”孩子一直僵持在水深火热中等待交流的结束。终于母亲说：“快洗手吃饭吧！”孩子的脸马上松弛下来，高声说着“好呀”匆匆地逃离。

在这样的交流片段中，整个交流的内容、意愿和交流方向是被父母决定的，孩子只是被动地应答，他的表情和体态给父母的反馈是不安与不满，但父母还是坚持了教育的准确性与完整性。

在家庭治疗师看来，这个交流片段实际上是满足了家庭的一种复杂的内部需求。第一，母亲是问题的提出与结束者，她可以用孩子的问题把父亲卷入家庭情感，父亲回应了母亲，让家庭感觉还团结一致。第二，父母觉得自己是在尽父母的责任，表达一种对孩子的关爱，但潜意识的语言却是：“我已尽到责任，好不好只能看你自己。”孩子在交流中感觉到什么？除了压力还是压力。

矛盾

——寻找隐藏的和谐，把教育隐藏在爱的木马中

许多孩子都是在“战争”中成长！

如果在父母都是社会精英的家庭里，孩子可能没那么幸运可以蒙混过关，不交谈则罢，一交谈就要触及孩子的“灵魂”，直到把孩子的心灵挫伤得百孔千疮。心理学大师利兹研究精英家庭的孩子在成长中的适应不良，发现越是地位高的家庭里孩子的心理问题越多，症结也更复杂。从遗传学的角度看，由于精英的孩子智商也不低，与父母的“交锋”中易于找到或创造一种情绪或行为障碍来有效地应答困境，并从中获益。

家庭治疗师看到许多孩子的问题是被不当教育孕育出来的，企图用教育父母的方式达成一种家庭内部交流的平衡，这样的想法可能是好的，但效果难以预测。有些家长听取治疗师的建议，在教育孩子过程中变得束手束脚，让

孩子的心理发展处在更大的危险中。严格来说，这样的心理治疗只是满足了治疗师自己的权威需求，解决问题的努力却使问题进一步固化、泛化和复杂化。聪明的治疗师不去为难父母，相反，会在孩子的面前表现出对父母足够的尊敬与肯定。我们会和家庭一块重新来描述家庭的“情景”，并改变家庭呈现给我们的“故事脚本”，让家庭得到一种新视觉和新感觉。我们要给孩子的“症状”或家庭的冲突一个意料之外的赋义，使这些引发矛盾的信息产生积极互动的作用。我们还要改变孩子内心对父母教育的感觉，让他看到教育中包藏着的那颗无私慈爱的心。我们会利用孩子的问题，给父母一个展现自我的广阔天地，让父母变得更像是一个好父母，孩子更像是一个好孩子，这样做的目的是要给出我们的治疗暗示：“家庭必须在爱与教育的冲突中找寻隐藏着的和谐，让动荡的心趋于安宁。”

家庭治疗师鼓励父母直接表达对孩子的爱、尊重和无条件接纳，良好的亲子关系是教育的前提。父母不妨在爱与教育的双重责任中玩“木马计”，把教育包藏在爱的木马中，从而成功地跨越孩子对父母的心理防御。相反，企图通过加强教育来规范孩子的心理与行为的父母，总是被关在孩子紧闭的心灵之外，你的矛利，他的盾坚，教育便会成为非常令人烦恼和无效的事。

束缚
——父母的失望与抱怨，弱化了孩子成长的动力

不做事的人，永远也不会做错事！做事的人，总是从犯错开始的。

“双重束缚”是家庭治疗大师格雷戈里·贝特森（Gregory Bateson）对家庭动力学中一种矛盾情景的经典描述，他认为：“双重束缚是指父母之间或父母与子女之间交流时在关系水平与内容水平上明显矛盾，使家庭交流发展出一种矛盾的不确定性，不知道对方是关心自己还是抱怨自己。”正如父亲说：“我这样做是因为爱你！”而孩子却知道接下来可能是大祸临头。

贝特森认为这种矛盾情景是儿童出现精神分裂或情绪障碍的决定性因素，精神病性的症状正是这种矛盾交流发展而来的结果。在中国的文化中，父母对孩子的愤怒，喜欢包藏在一种貌似对孩子的关心中，越是与子女关系不好

的父母，越易于通过“教育”来发泄对子女的不满。殊不知这样做会使孩子长期处在一种内容水平被关心、关系水平被伤害的悖论中，并被禁止评述或反抗这些矛盾信息。慢慢地，孩子会借助相互矛盾的信息来逃避惩罚，以扭曲的行为方式来应付所有的关系，从而失去发展正确理解自己和他人的能力，出现人格分化延迟的情况。

比如一个母亲生气地对女儿说：“瞧！你都 15 岁了，还不愿替母亲分担一点家务，你真是太懒了！”既表达了对子女的成长期望，又表达了对女儿的失望与抱怨。女儿要平衡母亲的情绪，觉得应该做点什么，于是对母亲说：“好吧，我来拖拖地。”这是表达一种服从，甚至是一种刻意的讨好，但内心隐藏着一种防御，害怕与母亲继续交流。女儿在拖地的时候，如果得到母亲夸奖，女儿的应答成功，内心得到满足，拖地行为转为成长的动力。但母亲却大声叫道：“瞧你拖的地！还不如不拖。养你这么大，连拖地都不会！”女儿被迫处在一种应答无措、左右两难的位置，无论如何都是输，变与不变都毫无出路。不拖地，要继续忍受母亲的指责和埋怨，去拖地也要忍受母亲新的指责和埋怨，横竖都是不快乐。母亲的美好期望由于矛盾信息反倒使子女成长的动力被减弱，孩子心中的感觉是：“无论如何我都不能摆脱母亲对我的不满。”

无奈
——在心理学无法解决矛盾时，不妨激发家庭对未来的期待

在大人看来是天使的东西，在小孩子心中是魔鬼！

双重束缚中的孩子内心冲突持续存在，积攒很大的焦虑，心理医生走进这样的家庭，易于产生对孩子的同情。但治疗师如果一厢情愿地试图通过对父母的教导来消除家庭内部的矛盾，有时会适得其反。对有强烈自尊需求的家长，这样的教导极易引起他们的不满。这种不满可以从孩子在诊室里担惊受怕的神情中看出来，有时孩子不得不通过表达对治疗师的不喜欢来与父母“结盟”让治疗陷入困境。对处于逆反阶段或者有攻击欲望的孩子，则又鼓励了孩子对父母的对抗与责难，让家长在治疗师面前颜面尴尬、尊严尽失。

许多渴望权威感的治疗师，热衷于给家庭灌输心理学思想，培训当事人，以为如此这般就可天下太平。这种方

法对文化水平高、有悟性的家长尚可，对文化水平低或悟性不高的家庭或者矛盾冲突纠结很深的家庭，心理学知识是把双刃剑，帮助的同时伤害更深，会让家庭失去自我判断力和自我更新力，把家庭推向更大的危机与困境。

当然，不少的家庭也乐于把一切麻烦都顺水推舟地推给治疗师，让孩子大事小事都来找治疗师拿主意，使治疗师在表面的风光下内心苦不堪言。聪明的家庭治疗师会绕过对家庭交流模式的价值判断，通过家庭塑型（一种在诊室中的家庭心理剧）让父母与子女体验到彼此在关系水平中的亲疏近远，引发他们的内在联想，并创造新的交流模式，引发新的情感体验，来促进家庭对未来的期待。在与家庭的交谈中，他们会灵活地避免发表对家庭事务对与错的看法，而引入一种有效或无效的判断。

治疗师把许多看起来很好的家庭教育方法与亲子关系理论束之高阁，并不是认为它们不对，而是觉得它们应用起来可能无效。治疗师需要找到非常个别化的东西，来解开家庭的症结。当传递某种信息会给家庭带来价值判断或引发新的冲突时，治疗师乐于扮演一种模糊角色，并通过对多种交流的呈现来处理家庭中的矛盾信息，悄无声息地对家庭进行更新。当家庭完全更新后，家庭会发现所有有益的决定都出自他们自己。

示弱
——重建家庭的交流模式，转移孩子的情感需要

孩子直不起腰来，难道是父母的基因遗传？

另一类更为困难的双重束缚，发生在个性分化不良或情感分裂的家庭，孩子无论依从母亲还是依从父亲都会遭到另一方的责难，无论做任何事都不能得到双亲肯定或者否定的观点。有时候双亲为了回避自身冲突，观点含含混混，要么就各行其是，互不干涉。孩子既不能在家庭中找到规则，也形成不了有效的交流，凡事得先看父母的脸色、猜测父母的心思，无所适从。

有个男性咨客已经28岁了，什么事也不能做，什么人也不能接触，被精神医生诊断为分裂样精神障碍。观察他的家庭关系，发现他的父母之间根本没有像样的交流，母亲说话父亲就闭嘴，父亲说话母亲也装听不见。当事人与父亲如同路人，父亲也很少回这个家，我还发现当事人与母亲的交流也很少，

不到万不得已就不开口，开口也是一些略带含混的语音，但行为上倒是很默契。母亲跟他很亲近，他想要什么母亲都猜得到，是否要把话说清楚似乎并不那么重要。这个家庭中父亲的个性分化比较低，内向、不善言辞，夫妻之间情感淡漠，家庭中没有成形的交流，或者可以引起成员间循环互动的东西。治疗师的工作就是要重建家庭的交流模式，减少母亲的替代与母子间的情感纠结，以促进当事人的心理发展。

在治疗中，必须认清这个现实：母子纠结是家庭继续存在的情感核心，在没有新的平衡诞生前，你只能保持对它的尊敬。我对母亲说："10年来，您一直无怨无悔地照顾这个患病的孩子，您真是一位伟大的母亲。"我对孩子说："10年来，你放弃你的自由，心甘情愿地陪伴你的母亲，你也是一个很乖的孩子。"当家庭在治疗师面前感觉到安全时，我建议母亲"退化"到儿子的年代，儿子"进化"到母亲的年代，父亲来扮演仲裁者，对游戏叫"暂停"，当家庭真正来扮演新角色时，儿子的脸变得明朗，语言也见清晰。当一个家庭父亲的功能很弱的时候，为了家庭的稳定，母子纠结很容易形成，治疗师建议母亲可以多依赖社会的缓冲机制，逐渐让孩子的情感需要从母亲转向社会，如鼓励孩子与同龄孩子、同学、邻居、老师交往，尊重友谊、热爱生命和自然等。很多个性发展不良的孩子在这样的鼓励下，会慢慢寻找到自己的心理领路人，身心发展得到补偿。

竞争
——父母对孩子影响力的竞争，是两种家庭文化传承的竞争

如果想要发现孩子的缺点，孩子就会不停地给你制造缺点。

夫妻在养育孩子的问题上存在一种隐性的竞争。夫妻是不同性别的人，对独生子女自然会有一种内心的成长期待，这些期待正是塑造孩子思想行为的家庭动力。事实上，孩子跟谁亲近，长大后的性格、行为习惯也会更像谁。

在教育孩子的问题上，家庭内常常有两种类型的冲突。一是价值观的冲突，由于教育的目的看起来是一致的，方法却各自不同，因此在如何教育孩子的问题上，双亲互动最多、交流最多、冲突也最多。二是情感冲突，比如孩子更向着谁，更听谁的话，更维护谁的利益。处在劣势中的那个父或母，会有较多的抱怨。这两种冲突，前者是家庭

意识层面的碰撞，后者是家庭感觉层面的较量。

其实，父母因教育孩子引发的冲突，是两种家庭文化是否能在孩子身上延续的彼此较量。每个人都是在一个特定的家庭中长大，家庭文化会像基因一样通过分离、配对、重组植根于我们各自的意识深层，影响着我们的内在感觉和我们的价值判断。家庭冲突可以看成是两种家庭文化“原型”，在潜意识指引下对孩子作“配对与重组”，它是自然的，甚至是必需的。遗憾的是我们从小只接受唯物主义一种哲学观，缺乏应用更多哲学观引导下的交流方式与视角，许多看起来只是文化多样性的问题，争来争去就成了大是大非的问题。

对于自己家庭中祖祖辈辈延续、秉承、垂直传递的一种文化意识和价值系统，父母从小耳濡目染，无形之中全盘接受了一些理念、态度、生活习惯、习俗、情感表达方式、对冲突的应答，以及与人的交往模式等。待他们为人父母时便总是不自觉地一厢情愿、孜孜不倦，甚至百折不挠地把内心认为好的东西强加给孩子，希望从孩子身上看到“好”的回应，以满足他们内心对价值的期待。

心理学认为，父母容易从孩子身上看到的“问题”，可能正好是父母早年未解决好的情结，甚至可能是几代人也没有解决好的家庭意识遗留问题。研究父母如何通过从孩子身上“发现”问题，使家族的“文化意识”得以代代传承；或者研究代际期望压力的传递模式与前辈的“债务”如何经由后代偿还，是家庭治疗师最关心的事，因为这恰好是家庭问题的症结所在。所以，我们常常会问：“孩子的问题是谁最先发现的？”或“谁最在意孩子的改变？”

第三只眼
——让父母从关心对错转向关注彼此间的共性

多一只眼（新视角），比只有两只眼要看得清！

家庭治疗师在面对父母的竞争时，有时会陷入一种家庭的困境，他们被迫扮演对错的仲裁人。许多研究表明，家庭治疗师表面上可能同情异性别的父母，内心却无意识地与同性别父母坐一条板凳。这可能跟治疗师的自我经历与内心体验有关，容易形成治疗师的反向移情。男性治疗师比较容易关注到母亲对孩子过分地严厉或溺爱，显然与男性治疗师潜意识里对母亲亲密的依赖与叛逆有关。女性治疗师易于看到男性的粗暴、任性、无责任感、难以亲近等，不能不说可能投射的是自己对父亲的不满。

受过训练的家庭治疗师会提醒自己，在某个家庭中感觉到的东西可能不是家庭自身的，而是来源于自己内心对家庭关系的记忆印痕。所以，家庭治疗师需要“第三只眼”，他要清醒地看到自己在对家庭做什么，是否保持了治疗性中立，是否对自己的问题保持了警觉。如果无意间我们支持了某方的观点，我们会提醒另一方家长，“刚才我的话可能不客观，如果你感觉到不舒服，请告诉我”。

处理这样的家庭竞争，聪明的治疗师会采用一种双重角色，跟太太谈，用先生的理论，跟先生谈，用太太的理论，并应用心理学的交谈技巧，让他们看到对方的长处，从而让对立的情绪趋向和缓。治疗师面对自认为很正确、较劲的家长，会给予一种消退处理，让他/她有理也说不出，让无理的那一方变得有点力量，以此来平衡家庭关系。许多家庭出问题的原因在于父亲或母亲困顿于一些正确的教育理论，不能变通，也不能对孩子因势利导。我们通过一种对是非的含糊技术，抹杀对与错的差别，让父母从关心自己的对错转向关注彼此间的共性、关注孩子内心的感觉。一个乐于替代父母去判断对错的家庭治疗师类似于居民委员会大妈的角色，在专业性上还有提升空间。

关爱
——以爱的名义压制孩子的天性

许多对孩子的无理要求都被包装在美丽的语言中。

家庭治疗师走进一个家庭，喜欢关注这个家庭可能存在的一些内部禁忌。我们会问孩子，家庭里有什么东西只能意会，不能言传？我们常常发现几乎所有家庭在交流内容方面都或多或少有些限制，这些限制代表着家庭的文化意识、权力等级与家庭的“游戏规则”，从中也可考量家庭成员间的亲密距离。来看看这样一种情景：孩子快乐地回到家，兴奋地说：“爸！妈！我今天的物理考试拿了95分。”妈妈认真地说：“先别高兴，告诉我你班上的最好成绩是多少？”爸爸接着说：“想想那5分为什么会丢。”待孩子收藏笑脸、快乐尽失，躲进了自己的小屋，父母脸上才有了笑容，说道：“我们的孩子还真不错。”担心孩子骄傲而不敢公开地分享孩子的快乐，使家庭内部的交流变得无趣，孩子想得到父母认同的热情也被挫伤了。

也许是文化的原因，国内的某些父母习惯替孩子做决定，小到穿衣吃饭，大到读书就业，仿佛不仔细管就是父母的失职。大多数喜欢韩国音乐的孩子，不会和喜欢看韩国电视剧的父母交谈对韩国文化的感觉，如果这样做一定是自讨不愉快；争强好胜的孩子不敢与同样好胜的父亲讨论人际关系，即便讨论也会是一些虚假之词；许多孩子被明令禁止讨论父母的对错，或参与父母间的情感活动。父母本意是为孩子好，为孩子创造理想的生存空间，结果却忽略了孩子成长过程中自然生动、多样化的特点，反倒让孩子失去了在家庭舞台大显身手的机会，减弱了成长的动力。抱怨子女缺乏自主性和独立性的父母，常常是对孩子任何独立思想与行为都大加压制的人，形成“恶性循环”，家庭深陷其中，不能自拔。这种家庭教育中的矛盾情景，被心理学描述为家庭中的“假性互惠”。假性互惠中的家庭看起来一家子和和睦睦，父母替孩子着想、孩子替父母分忧，实际上，人人都受压抑与限制，个个心情都不舒畅。

禁忌
——不守家庭规则的“捣蛋者”

家庭禁忌像捆人的绳束，越多越不好玩！

回想在我小的时候的家庭里，也有过许多禁忌。由于父母都有些“历史问题”，又处在“文化大革命”的高潮时期，为了共渡难关，家庭内部的交流被限制在狭小范畴。我有两个哥一个姐，虽然个个天性活泼，在家里却自觉保持沉默，寡言少语，小心地回避与父母的争执，可交谈的东西少得可怜。只有我少不更事，喜欢胡乱评说政治上的事，嘲笑父母哥姐的胆小怕事，被他们当作“捣蛋者”，挨了不少的责罚。现在的家庭，虽然在政治方面的禁忌少了，但很多父母担心子女犯错，不惜与孩子的天性为敌，限制孩子的思想自由。一般来说，家庭禁忌越多，快乐与自由越少，家庭的内部冲突也就越大。

家庭走进心理诊室，是为了帮助那个被认定“有病”的孩子。有时孩子和我一样，只是一个不守家庭规则的捣乱者。当他们乖乖地待在父母画定的“圈子”里，平衡与一致性被维持着，家庭并不需要谁来扮演“替罪羊”。当平衡被打破，内部的努力不能使“越界者”回归，家庭就会求助于治疗师。被正统观点束缚的治疗师，会热衷于扮演一个“镇压者”，通过对问题孩子的治疗性干预帮助家长重建家庭规则，这样的治疗师会被家庭欢迎和感谢，父母也愿意继续带孩子前来就诊，治疗师可谓是名利双收。就是苦了孩子，为了家庭的平稳，他需要重新压抑自己。“离经叛道”的治疗师可能会鼓励孩子从问题中获利，并试图通过消除家庭的禁忌来使问题自然消失。这样的治疗是否成功取决于家庭对问题的领悟能力，家庭因此也要承受改变的冲击，度过一个相对动荡不安的时期。“离经叛道”的治疗师，忽略了孩子的问题可能是家庭内部平衡的有机组成，会被家庭视为“危险分子”，快速脱离治疗或改换治疗师是意料中的事。

聪明的治疗师会摇摆于两种倾向之间：一方面和家长讨论家庭禁忌的内容与范围、赋予“禁忌”意义；另一方面，表明孩子从“禁忌”中获益的同时也遭受更多的限制。最后我们会给出一个时间计划，当孩子出现什么样的行为时，什么样的禁忌可以取消。这样一来，既保持家庭禁忌的“面子”，又能让孩子通过主动参与对禁忌的消除来获得更好的成长环境。

依赖
——孩子出现适应障碍，源于家庭功能失衡

许多父母不知道，孩子眼中的世界与他们看到的千差万别。

有一个家庭治疗流派是结构式家庭治疗（Structural Family Therapy）。结构派理论的大师叫萨尔瓦多·米纽庆（Salvador Minuchin）。他是一个生于阿根廷的犹太人，成年后在美国学习儿童精神病学和接受精神分析训练，并执业纽约工读学校，专门辅导有行为问题的青少年。他观察了许多生活在社会底层、濒于贫困、家庭关系僵硬的家庭，大多是黑人家庭，创造出一种通过对家庭内部规则、权力等级、亲子互动方式的重塑来帮助家庭获得改变的治疗方法——结构式家庭治疗。他认为，良好的家庭既有明确的权力等级又有充分的关系互补。

一个治疗师走进家庭，先不怎么关心孩子的问题，而

是关注家庭的结构，如家庭与外界的界限是否完整，主系统（父母）与子系统（子女）是否平衡；谁说话算话，谁和谁联盟；家庭规则是明确还是含糊，是否存在着分歧与对抗；家庭的交流信息如何传递，孩子有话先告诉谁；一个成员的行为如何通过互动来引发家庭其他成员的行为等。

米纽庆认为家庭功能失衡是孩子出现适应障碍的原因。最常见的家庭功能失衡的原因有如下几个。

一是情感纠结，家庭对外界限僵硬封闭，内部却纠缠不清，父母子女彼此依存，离了谁都不行。我们经常看到十几岁的孩子还必须对父母言听计从，孩子的问题也全部得由父母来承担。治疗师喜欢问这样两句话来观察家庭的情感纠结，如问孩子与母亲睡到几岁？问孩子心中有十句话，父母能猜到几句？

二是关系疏离，这样的家庭缺乏家庭的权力核心，各自为政，成员间关系僵硬分裂。由于无法自如地彼此表达爱与关心，无法预测对方的行为，也形不成有效的互动关系。家庭对外界限不清，任意让许多无关的人士卷入家庭事务，无法协调一致地来处理外部信息与压力。

三是三角化问题，如母子、父子联盟，父亲或母亲通过与孩子的情感联结来对抗另一方；跨代联盟，爷爷奶奶通过对孙子的控制来制约儿子儿媳。

四是迂回关系，父母表面看起来相敬如宾，实际存在沟通障碍，孩子会呈现问题来吸引父母的关注，减轻夫妻间的压力，形成家庭内部的统一。

五是循环冲突，父亲抱怨太太不关心自己，太太抱怨孩子的麻烦太多，孩子抱怨父亲不喜欢他。结果是父亲惩罚孩子，导致父子关系更差；孩子为难母亲，让母亲的教养更难；母亲迁怒父亲，使夫妻关系更加恶劣。上述现象对家庭系统功能都具有破坏性，家庭失规则，权力被修改，交流被阻断，成员间彼此诸多适应不良。

中立
——每个家庭都是独一无二的，没模板可套

过于热心的治疗师总是好心办坏事！

热衷结构式家庭治疗的治疗师内心有一个功能良好的家庭模板，渴望去重建家庭的权力等级与规则、廓清家庭边界，让成员各归其位、各尽其职。但可能会好心办坏事，因为任何家庭都存在自己个性化的基因，理论需要因实际进行调整。一位治疗师说她有个失败的案例：在一个家庭里，男孩已经 15 岁，还在与母亲同睡，还让母亲替他洗澡换衣，母亲也常常毫无顾忌地在孩子面前赤身裸体。在这个家庭里，母子情感纠结，父亲愤怒但无能为力。孩子慢慢出现了社会适应不良，学习与社交都困难，并被诊断有强迫性神经症。她着手把孩子从母亲的床上赶开，并试图增强父亲在家庭权力中的位置时，她成了母子联盟的“敌人”，治疗难以进行。

我觉得家庭的“健康模板”只能是治疗师治疗中的内在逻辑，不能那么简单直白地与家庭交流。那位治疗师可能是由于替代“可怜”的父亲去责难那个“可怜”的母亲，位置变得不中立了。她看到母子情感纠结，希望重建关系，却未曾了解家庭“症状”是如何延续下来的？孩子的问题又有何种家庭功能？不知家庭的具体情况，治疗师切不可妄动。其实，用家庭系统的眼光看，孩子出现适应问题是这个家庭的需要，它为母子纠结提供合理性——病的孩子需要多的帮助。我们首先要为情感纠结的家庭寻找潜在的利益，比如父亲成为家庭的边缘人，曾拥有更多的自由和更少的责任，母亲虽然劳累，好在有孩子的依恋作为补偿，让家庭成员彼此的焦虑得到缓解。同时，我们还要仔细地倾听家庭对“纠结”的解释并接受这些解释，让家庭感觉医生易于亲近，拉近与家庭的距离。我们不说：“孩子你不能继续与母亲一起睡。”而说：“如果有一天你突然不想与母亲一起睡，家庭里谁会在意，谁不会在意？”我们再用同样的问题问父亲与母亲，把3个人的意愿呈现出来。家庭治疗师像是在弹钢琴，让家庭自主地发出和谐之音。

期待

——“望子成龙”何尝不是对父母的心理补偿

不再幻想孩子是天才时，当父母的感觉就变得好起来。

不少研究教育的学者认为“望子成龙”是当今社会对孩子无休止施压的心理根源，呼吁家长们应该对自己孩子的能力有一个恰当的认识，并给予合理的期待。不然的话，欲速则不达，反而帮了倒忙。花有千样红，人有不一样，家庭恰如其分地引导自己的孩子的确是非常重要的。不过在我看来，“望子成龙”其实是一个跨文化现象，东方如此，西方亦如此，区别只是各自期待的内容有所不同。西方人比较重视孩子的独立、自我解决问题的能力，东方人则重视孩子的孝顺、能被社会认同。中国的文化原型中，教育的意味本就大于慈爱的意味，许多代代相传的故事都在强调“严教出孝子，黄荆棍下出好人”。望子成龙甚至可以引申到自然界，许多生物（动物）种群会强迫后代学习求生的本领，鼓励它们超越父母，为此父母甚至甘愿做牺牲品。现代学把这种现象称为“基因意识”，即每个基因种群都有一种要求自己被无穷复制、放大、延续的“自私”。

望子成龙何尝不是父母亲期待从孩子的发展中得到自我生命价值被延续的内心满足，这显然是人类固有的一种心理特性。当然，我们觉得多年前中国的望子成龙现象并没有像现在这样被夸大与滥用。

家庭治疗师在面对家庭时，也会受到家庭“望子成龙”的压力。许多因孩子不能好好上学的家庭希望治疗师的介入能使孩子的学习发生奇迹。对这种治疗期待，治疗师要小心处理。为了满足家庭的需求，治疗师往往会无意识地给孩子施加压力，渴望以孩子的改变来赢得家庭的认同。这样一来，治疗师实际上被家庭控制，成为补偿家庭功能的工具。但治疗师如果想走纯学术道路，拒绝家庭对治疗的期待、容不得家庭有自己的声音，势必又不近人情。为了让家庭配合对孩子的治疗，治疗师不得不用心理教育来培训当事人，等待家庭的成长。

化蝶

——让孩子做他力所能及的事

生活中最不易觉察的幻想莫过于对子女成才的渴望。

在多子女的家庭里，父母对孩子的期待会被自然地分类——对能力强的孩子期待会大一些，对能力弱的孩子可能会迁就一些。精神分析学家阿尔弗雷德·阿德勒（Alfred Adler）认为子女在家庭中的排行决定着个人的心理位置，父母对他的心理期待也会有所不同。一般来说，老大位置特殊，被关注和承担的责任较多，从小发展比较好；老二具有一定的竞争力，常常期待超越老大赢得父母的关注，所以，如果老大很优秀，老二的心理压力就会很大；老三与以后的中间的子女，会有被挤出局的感觉，如果他们不是出奇地优秀或出奇地捣蛋，父母给予他们的关注与期待总会少一些；老幺却是家庭的宠儿，被父母关爱很多，内心幼稚，行为往往最易离经背道。独生子女的心理特征既像老大又像老幺，父母会把对后辈的所有期待与娇宠都压在他的身上，因孩子引发的欣喜感和挫败感都会很强。

心理学认为，父母无私地为孩子付出，会自如寻求一种心理补偿，那就是孩子必须努力，为家庭争得面子。为了这一目的，孩子们哪怕是在休闲的兴趣与爱好中，都被父母融入竞争意识，非得让孩子的爱好能出类拔萃，把一种简单的娱乐放松、陶冶情操的乐趣转变为一种求生的压力。儿童心理学家海尔姆·史第尔林（Helm Stierlin）提出一种亲子关系中的派遣理论，认为父母把自己成长中的未竟事业和期望投射给孩子，造成一种派遣过度。孩子成长中心理负荷太重，不容易体验到成长中的自我满足，因此少有发展的动力。反过来，父母过多地关心自己、不愿意被卷入孩子的教养，又会形成派遣缺失。孩子缺少阶段性目标，也没有来自父母积极的反馈，会削弱孩子的成长期望。让孩子做他力所能及的事，是治疗师在家庭治疗中的主导方向。

学习
——学习成绩不是判断孩子好坏的唯一标准

学习成绩如果成了判断孩子好坏的唯一标准，父母离疯狂就不远了。

在一个家庭里，无论孩子有多少心理或行为方面的麻烦，只要学习过得去，家庭一般不会带着孩子去找心理医生。一旦孩子的学习不好，家庭就很容易从孩子身上找到“原因”。在我的门诊里，我会问：“如果你的孩子的心理问题治好了，父母怎样看出来？”父母的回答常常是：“孩子能做到爱学习和学习好。”

有一个家庭，父母都是高级知识分子，家庭经济条件不错，孩子的学习环境和条件都很好。父母事业有成，对孩子的期待也高，从小就让她学外语、画画、钢琴、游泳，可谓全面发展。可偏偏到了14岁（初二），女孩得了“社交恐惧症”，见人就脸红心慌，严重的时候都不能坚持上课。父母虽然好强，但看到如此痛苦的孩子不得不软下心来，给孩子充分减压。孩子上学三天打鱼两天晒网，她本是班上的尖子生，不久就成了学习的“困难户”，家长身处两难境地，内心的焦虑日渐明显。

面对这样的家庭，治疗师不会鼓励家庭继续替孩子减压，而是要父母看清家庭内部的互动是如何把孩子的“问题”扩大成家庭问题的。父母需要维持家庭的内在规则，孩子必须自己面对她成长的压力。例如，承认社交恐惧会影响孩子的人际感觉，或者会影响她学习的效率，但不会影响她校外的生活与学习。我们会对家长说，真正的问题不是“社交恐惧”，这种恐惧人人都会有，人人都要闯过这一关，真正的问题是恐惧引发的对成长责任的“逃避行为”，不鼓励逃避，就减少了恐惧的负性影响。父母有意减少对孩子“社交恐惧”的关注，孩子的麻烦也会少一些。

恐惧

——忽视症状，给予孩子正面鼓励

所有恐惧情绪与逃避行为都是通过慢慢地主动学习和被动强化而来的。

治疗师在帮助问题孩子学习自我控制与自我放松的同时，会按照家庭对治疗的期待做一些工作，如着手为孩子重建一种行为规则，或督促孩子去完成一个学生应该完成的学习任务，乍看起来，像是治疗师在替代父母给孩子施压。社交焦虑使孩子可以不遵守社会规则，随心所欲地活着还能不受父母责难，这是问题给孩子带来的益处。这样的益处虽然不是孩子预知的，但逃避压力后的身心松懈，会使孩子的病慢性化。

如上节故事中的女孩，如果治疗师过多纠缠于改变孩子的症状，忽视强化她进取的欲望，也有可能弱化孩子的能力，使她纠结在对疾病的恐惧中。反过来，我们接受社交焦虑是一个最普通的情绪现象，把关注点放在孩子表现正常的生活情景上，给她一个她自己还不错的暗示，孩子对焦虑的关注也会减轻。

我们不把“病”看成是一种被外部强加的东西，而把它看成是孩子内部愿望的一种“婉转”表达，把它解读为一种与父母互动中的需要。这样，问题的受害人就演变为问题的行为者，孩子不得不面临对疾病新的感觉。我们甚至会装着很惊讶地问孩子:“你怎么做才能让焦虑控制你，怎么做才能让父母允许你舒舒服服待在家？”我们会装着欣赏她，说她很特别，有特别的办法来应对别人应付不了的事情。在帮助孩子处理焦虑的同时，又要孩子学习与焦虑做朋友，把焦虑看成是人生的一种发展动力。我们诱导孩子说出我们想让她说的话，并向她保证不去告诉父母，等孩子流露她的真实想法后，我们尝试跟她达成私下的协议，讨论如何做才能让父母大吃一惊。我们与孩子讨论改变的阶段性目标，这个目标不是治病方面的，也可能不是学习方面的，而是孩子在情绪、行为方面的变化。如果让孩子选择变得更好还是更糟，基本上孩子都会选择变好。我们让孩子观察行为改变对父母的影响，同时又让父母把观察到的情绪变化告诉我们，在和家庭讨论这些变化时，孩子得到心理满足和正面鼓励。如果治疗师只关心孩子的症状，倾力训练孩子应付焦虑、恐惧的技术，或为她设计行为脱敏治疗或暴露疗法，以为孩子只要挣脱了社交恐惧便万事大吉，这样的治疗师是不合格的。

过渡期

——别和青春期的孩子较劲

当孩子变得有些疯狂或不可理喻时，正是他成长的路变得泥泞之日。

过渡期是一个心理学的操作性概念，指 12 岁至 16 岁的孩子在心理成熟的过程中，要走过一段艰难困苦的历程。这个时期的孩子要经受许多心理震荡，出现许多适应性障碍，内心缠绕着羞愧、紧张、社交恐惧、伦理焦虑、负罪感，以及攻击倾向。这是个体从孩子心态慢慢转变为成人心态的时段，在行为上常常同时存在两个极端，自尊与自卑、盲目崇拜与藐视权威、过分道德感与故意无视道德、强迫倾向与散漫倾向、独立上进与懒惰依赖统统夹杂在一起，近似“癫狂”。其实，对每个青少年来说，这个“极端”行为过程是非常重要的，他必须为今后的一生积攒足够的进取能量与情绪经验，完成人格雏形、人生目标、审美与价值系统的建立。

许多家长早把孩子内化为自我的一部分，不能容忍孩子的“异化”，潜意识里把孩子的癫狂视为反叛，引发自身的分离焦虑。遗憾的是有些家长不能识别自身的焦虑、调整心态接受孩子的成长，反以为要对孩子加强教育，使他回到正轨。如果家长找治疗师治疗这些“行为障碍”，会使本身是成长的“自然过程”变成孩子的“病态过程”，为了矫治孩子而使孩子发展为病态，是治疗学的悖论。用系统眼光看，是家长和治疗师共同“建构”了孩子的“病”，好心帮了倒忙。孩子的这一过渡期要持续多久，取决于家庭的态度，如果受到家庭关系的阻碍，走出过渡期要晚一点。有的孩子在 18 岁甚至 20 岁以后还不能走出“困难历程”，他们可能会成为拜访心理医生或精神科医生的常客。

过渡期延迟，大多数原因是父母的过度但又无效的管理，尤其是孩子“不幸”有个太严厉太能干的母亲，同时又有一个太柔弱太无能的父亲。对这样的父母，我只能说“孩子长不大，是你们并不需要他长大”。

逆反

——冲突越厉害，其实对父母越依赖

父母之所以对孩子的逆反反感，是因为自己的权威地位受到了挑战。

过渡期的孩子有以下特点：

第一，他们突然变得让父母百思不得其解，有时还敢冒天下之大不韪，好像老子天下第一。他们反抗权威，对父母不尊、不敬、不服，却对父母的反应与批评极端敏感。事实上，与父母冲突越厉害的孩子对父母越依赖，冲突是为了挣脱依赖。从物理学角度来看，与父母联结紧密的孩子，分离出来的动能更大，释放的热效也要更大。聪明的父母容忍孩子的对抗与依赖双重心理诉求，对孩子做事莽撞却得意忘形假装欣赏，以此来为他拓宽发展的路。愚钝的父母却会挥舞大棒，用不恰当的批评与“镇压”引发孩子的心理退缩。

第二，他们突然有了一些古怪的行为问题，如缄默、关门独处、答非所问、凝神静思，尤其多见的是强迫性倾向。对一些简单的问题，诸如“先有鸡还是先有蛋”一类无解的问题穷根究底。要么是为求准确耗费大量时间，要么是做事急躁、丢三落四。夫妻情感分离的家庭里的孩子，古怪行为更多，仿佛是要拼命地吸引父母的关注，为家庭创造共同的话题。

第三，他们突然对家庭问题敏感，甘愿扮演家庭的替罪羊或者小大人。孩子们热心做父母之间的调解人，在父母之间玩跷跷板、耍平衡，当“阴谋”难以得逞时，他们变得容易被激怒、愤世嫉俗。有的孩子会把对父母的愤怒转而投向自己——头疼、发烧、拉肚子，严重时逃学出走，无所不用其极。对付这些“非法行为”的孩子，原本活得不轻松的父母犹如“屋漏偏逢连夜雨”，苦不堪言。

对策
——给过渡期的孩子一些“行为紊乱”的权利

喜欢和青春期孩子较劲的父母，多半也是在自己青春期出过麻烦的人。

不现实是过渡期孩子的通病，特别容易把想象中的“现实”和生活中的现实混淆，搞出许多荒诞不经的笑料来。例如，孩子们突然开始信神疑鬼、追求神秘主义，开始喜欢看鬼片、恐怖片、侦探和探险故事，在他们的房间可以看到用铅笔绑成的十字架或用彩笔画出的“灵符”；在考试的前夕，孩子会做无师自通的“祷告”，或者是其他一些仪式性动作，冷不丁可以吓你一跳。穿什么、吃什么、做什么似乎也一夜之间就有了各种禁忌。有的孩子还可以大谈死亡和世界末日，仿佛他们是最忧国忧民的一群人。

对付这些情况，父母要学会睁一只眼闭一只眼，认同孩子可以拥有一些“行为紊乱”的权利，只有糊涂一时，方可聪明一世。性急的家长可以回想自己在相同年龄时的糟糕表现来聊以自慰。过渡期的孩子学习会受到影响，但却不要把过渡期问题看成孩子学习不好的原因，这样的解释极具诱惑，孩子大人都省心，后果却适得其反。成长是要付出代价的，父母要后退一些，留出空间来尊重孩子的隐私，避免用非此即彼的是非观来乱贴“标签”。精力旺盛的父母最好用多重性的、多元的、既这样又那样的价值系统来引导青春期的孩子，开阔他们的眼界，避免孩子思维的极端性和片面性。

治疗师鼓励家庭改善父母与孩子、父母之间的关系，增强家庭凝聚力，让孩子的过渡期快快结束。在婚姻分裂的家庭，父母也要违心地扮演“欢喜鸳鸯”，待孩子走出过渡期后，方可各奔前程。在北美和欧洲的一些地区，过渡期的孩子要接受定期的心理辅导，在非洲、南美较为落后的地区，这一时期的孩子常常可以得到宗教祭司和教会的帮助。东方民族深层意识中依然是家庭至上的，喜欢“窝里折腾”，一般轻易不求助于社会（医生除外）。孩子深陷过渡期并不是自己成长的动力不够，往往是盲目的父母火上浇油搞出的大麻烦。

盲人骑瞎马

——陪孩子一起走出过渡期

许多走出过渡期的孩子，回头看到父母还在泥泞中跋涉呢！

走出过渡期的孩子有这些标志——他们知道自己要什么，对自己知冷知热、知寒知暖，也可以温和地对父母说“不”；放学回家，父母的“火眼金睛”不再能读懂他们的脸，也听不见他们抱怨老师和同学不“哥们”；他们突然对神、鬼、怪不再那么有兴趣，捆扎的十字架已解开；尽管他们可能还残留了一些“行为问题”，但已有平常心，乐于将此看作个性与习惯；他们已能分清什么是父母的问题什么是自己的问题，不再忙中添乱，自信无论沧海桑田，自己仍是父母最爱的人。

与过渡期的孩子相处，父母只要放下架子、保持兴趣、给予热忱，应该不成问题。需要担心的是，本身还未走出过渡期的父母要面对过渡期的孩子，犹如“盲人骑瞎马，夜半临深池”。还有的父母，孩子已经渡过磨难大踏步向前，自己还陷在泥潭里愤愤不平，仿佛自己尊严扫地，受了很大的伤害。其实，走出过渡期的孩子，对家庭会有一种情感回归，他们知道真正心疼鬓发染霜的父母。最糟糕的是，父母由于害怕失去孩子而死命拽着孩子，对孩子的问题和过错纠缠不清，形成一种家庭矛盾纠结。

不聪明的治疗师走进家庭替代父母的角色，去教导“两代孩子”，这样做有些劳民伤财。而聪明的治疗师会把父母拽入泥潭，分享孩子在过渡期的挣扎，重温自己早年的困惑，为家庭营造一种有福同享、有难同当的氛围。当孩子安全上岸，父母也会逐渐体验到压抑后的舒展、困苦后的甘甜。

对抗

——自尊是孩子的灵魂之杯

> 如果孩子放弃并挑战父母的价值观念，父母的权威会像被抽了筋样地变软。

儿童发展心理学专家认为，孩子自我成长中最重要的是形成完整的自尊、自信、自立的心理能力，这比孩子的其他能力要重要十倍百倍。自尊像是孩子的灵魂之杯，只有它完整时才能盛满爱、智慧与良知。父母无意中挫伤孩子的自尊等于是给这个杯子戳了一个洞，不管孩子今后一生中多么努力与辛苦，他的灵魂之杯仍会是空空如也。一个敢对父母叫板说自己是坏孩子的孩子，他的心灵可能早已是百孔千疮。我们大多数的父母表面上渴望孩子成长成熟，但内心深处仍旧害怕孩子有一天会不再温顺听话，但孩子向父母对抗叫板的那一天或迟或早总会到来。

我们的文化较多关注父母为子女奉献多少，绝口不提父母从子女身上的诸多获益。首先是关系获益，不少的父母无意识地通过孩子实现权力欲、控制欲、自我中心欲，然后是心理获益，牺牲孩子满足道德需求，从孩子身上寻求价值感，或逼迫孩子实现自己早年的未竟事业。早在20世纪70年代，西方一些社会学者、教育家、心理学家就联合起来对家庭的负面影响进行研究，认为家庭在保护人的同时也是最会伤人的地方。许多青少年带着残缺不全的身心从家庭走入社会，给社会带来极大的不稳定。所以，西方国家才有了许多相应法律来监督和限制父母对子女的权利。看电影《刮痧》，你可能会嘲笑美国的法律制度，把它看成是东西方文化的差异，但这样的“差异”的确更好地保护了许许多多受父母虐待的孩子。

经典精神分析学派的学者几乎对每一种心理困扰、内心冲突和行为障碍都勾画出一种与早年经历相关的心理创伤病谱，这个病谱就是创伤发生的时间序列。例如，缺乏安全感、依赖和边缘人格是在婴幼儿期（一岁以前），缺少母爱，或者母亲的态度生硬，没有让孩子确立对他人的信任。人际关系不良、不能与人形成亲密关系、贪食、厌食是因为哺乳期未得到充分的口腔满足（吮吸奶头）。而贪婪、敌意、讽刺挖苦、爱批评人与儿童长牙以后未充分满足嚼咬的快感有关。内向、压抑和强迫性人格与儿童在一至三岁时正常的情绪反应，如愤怒、生气、破坏、宣泄被父母过度控制有关。残忍、无同情心、侵略性和病态人格又反过来是与这些情绪未被正确地引导、家庭内缺乏规则有关。诸如此类，难以赘述。心理分析的病因诊断一般也要定出障碍来源于什么时期，如共生期、分离期、口欲期、前恋母或恋母期等。对现在的父母来说，如果认识不到家庭在培养孩子爱心、善良和助人为乐的同时，也会滋生孩子的罪恶感、攻击性、叛逆倾向和自私自利，那么你肯定不会是一个好父母。

逃学

——用肯定性的语言来激励孩子，他就会呈现良好的心理特性

任何事都可以强迫，只有学习是父母需要哀求着孩子去做的！

一个整合取向的家庭心理治疗师，在听取家庭的故事时，很注意观察与分析家庭的权力等级、亲密关系与行为序列，分析孩子与父母之间的情感、信息是如何流动的。我们常常觉得孩子的每一个行为障碍都隐含着一种关系补偿，补偿幼时在父母那里欠缺的东西。父母不能从纵向发展的角度来看待孩子，而是在一个横断面对孩子说：“你都这么大了，还这样……”我们也看到这样的家庭情景，父母总是通过一些否定性语言来评价孩子，当这样的信息达到一定的量，孩子会不加识别地把它内化到自己的意识里，慢慢地真的发展出那些糟糕的个性。如果父母总是用肯定

性的语言来激励、欣赏孩子，孩子无意识间就会呈现出良好的心理特性，这类现象被心理学称之为语言的雕刻作用。

经常埋怨孩子不好好读书的父母，是怕孩子不肯用功学习，这样的叮咛嘱咐会让孩子慢慢琢磨出：他要击败、控制、惩罚父母的最好办法就是拒绝上学。一个平时学习很不错的15岁孩子，突然向父母宣布从今以后不再上学，这无疑是家庭里的十级地震。父母极度慌乱地带着孩子来请求治疗师的帮助。在面询的过程中，我在父母眼睛里读到深深的震惊与挫败感，而孩子却情绪平稳、态度坦然地述说他的种种不适。他在人多的地方，如教室或公共汽车上会感觉紧张、恐惧、呼吸困难直至晕倒。这个家庭里原本强悍的父母变得十分可怜，放下架子小心地央求孩子去学习，孩子却坚持治好了病才能上学。

就一般的治疗师来说，诊断孩子患有广场恐惧症是很容易的事，把不上学归因于孩子出了心理障碍，一方面让孩子不上学变得合理，另一方面使父母转为关心孩子的身体，改善了亲子关系。这看起来双方都应获益的事，却隐含着一种成长的损失。“狡猾”的治疗师知道孩子不会那么轻易就放弃“得病”获得的权利，私下里我们会“夸奖”孩子的聪明，故意说我会帮助你从家庭获得更多的利益。在和孩子“结盟”后，我们会提醒孩子疾病只是生活中很小的一部分，大多数时间他很正常，暗示他学习治病需要齐头并进。同时，我们也会帮助孩子处理感觉层面的焦虑，告诉他，感觉这个东西有很大的自我建构色彩，是人对环境的心理反应，焦虑的感觉你不说，别人是看不出来的。我们极力把面前的孩子描述成快乐自主的孩子，直到给他创造出快乐的心境来，而快乐的孩子会自己摘掉疾病的面具。

强大
——孩子用病症维持家庭假想的和平

问题可以使不自由的孩子获得利益，让父母以他为中心像老驴推磨般地团团转。

在我的脑海里，一直回响着德国老师弗里茨·西蒙（Fritz Simon）的话："一个家庭里，不是系统构成了问题，而是问题构成了系统。"这里的"系统"是指家庭内部人与人的关系以及由这些关系构成的家庭规则。一个患病的孩子会创造另类家庭关系和另类家庭规则，形成家庭内部新的平衡。

在门诊我接待了这样一个家庭，男孩子今年初三，面对即将到来的中考，紧张得患了胃肠疾病，不能吃东西，一吃肚子就胀痛得要命。几天以后，身体衰弱得不得不到医院打点滴。医生诊断孩子是胃肠神经症或焦虑状态，建议父母替孩子减压来缓解孩子的心理症状，但收效甚微。

我在诊室里和孩子谈起学习，没有看到他有明显的情绪反应，多少还有些沾沾自喜。他对我说，初二的时候，为此病住过一月的院，期终考试仍是班里的前三名。孩子的病有些古怪，于是我把注意力转向他的父母亲。单独和父亲或母亲见面时，感觉彼此对这段婚姻都有很大的怨气，母亲埋怨父亲内向、固执，对孩子放任；父亲数落母亲霸道、专横，对孩子残忍。和父母两人在一块交谈时，他和她却有明显的矜持，要么遮遮掩掩，要么三缄其口，彼此都在回避矛盾。我把孩子叫进来，坐在父母身边，气氛却一下子有些和睦了，父母针对孩子倒还有些交流，说话时也能互相补台，让人感叹："可怜天下父母心，为孩子而忍恩仇。"

作为家庭治疗师应已明白，孩子的症状是在维持一种家庭功能。疾病对家庭有一种很强的扰动力，每当夫妻的恩怨积攒到一定的强度，婚姻开始不稳定时，孩子的疾病就出来替夫妻泻火。在咨询中我得知，孩子不吃饭的问题从 3 岁时就已经开始，断断续续。父母为了孩子的身心健康，达成一个共识：在孩子面前不争吵，维持假想的和平，无数事实证明，冲突白热化的家庭可以因为某个成员的患病变得矛盾消解而团结一致。殊不知这种和平假象，就像是吸毒上瘾，孩子会迷上得病而不自知。

恻隐
——以示弱获得父母之爱

与动物世界的不同是，父母总愿意关心弱一点的孩子。

在多子女的家庭里，体弱多病的孩子总会得到父母更多的宠爱，犹如爱叫的鸟儿吃得饱。有一个家庭，父亲在外平庸无能，在家却是一个极具权威感的人，母亲有些神经质，情绪常常或晴或雨。他们有两个男孩，老大不善言谈、性子还急，和父亲就成了生冤家死对头；老二嘴甜、动作伶俐，自然就是父母的心肝宝贝。慢慢地，老大就成了家庭里提不起的嫩豆腐，老二发展却顺风顺水，在家是乖孩子，在外是好学生。有一天，老大上学回家，被后面飞驰而来的摩托车撞伤了腰，撞折了右腿。躺在病床上痛苦虚弱的老大，激发了父母内心很强的恻隐之心，他们一反常态，开始对老大百般呵护。在两个多月的康复期中，老大在父母的笑脸中过的是一种“神仙般”的日子。他与父母关系迅速增进的同时，在家里逐渐听到老二在唉声叹气。到后来，父母对老大的关怀成了一种担心，因为老大的伤腿功能恢复总是不理想，这让骨科医生与运动神经科医生伤透脑筋，百思不得其解。心理医生深知老大残留的症状，在某种意义上是潜意识要留住父母对他的爱，在潜意识中是希望用疾病来控制他所爱的人，类似一种心理补偿性神经症。心理医生要做的事正是对这样的症状释义，以增强家庭内部的交流。

在许多婚姻里，妻子觉得她再也控制不住男人或将要失去她所爱的人时，神经衰弱就会来帮忙。太太病了，你还忍心对她凶吗？在治疗心理学中，心理疾病与功能障碍性疾病在很大程度上是一种心理诉求：要改变不良的现实。如果我们主动去迎合这些改变，疾病就成了多余的东西。

移情

——心理医生的人格魅力胜于理论或技术

过度移情是心理医生的通病，结果是丧失了自己。

资深的心理医生都知道，心理学其实并非一种技术，而是一种思想，一种观察问题的特殊视角。

所有的心理学理论与训练只是帮助心理医生提高自己、自我完善，最重要的是要心理医生突破现实带来的观念束缚，理解人性，顺其自然。心理医生一旦修炼成功，他本人的修养、本身的言行举止就已经是最好的药，心理治疗理论与技术则变得微不足道。在心理咨询中，真正起治疗作用的是心理医生本人体现出来的人性色彩与人格魅力，以及与当事人建立的那种积极的有益于当事人发展的新型社交关系。

在许多心理培训中，我都讲过这个故事：有个年轻人已经18岁了，总是尿床，为此他很伤心，也觉得难堪。他觉得如果尿床的问题不解决，再也没有勇气活下去了。他到医院求助了许多科室的大夫，做了许多不同的治疗，但都无济于事，最后，他丧失了所有的生活信心。朋友们提醒他：为什么不去找心理医生？年轻人想，既然我快活不下去了，也不怕去看看心理医生。两周以后朋友们又看到他，惊异地问："你去看过心理医生了？"年轻人回答："是的！"朋友们说："那你的尿床治愈了？"年轻人愉快地回答："不，我还在尿床，但我觉得这已经不重要了。"心理医生没有改变当事人尿床的现状，却改变了他对尿床的认知，降低了尿床的重要性。当然，在大多情况下，我的这个故事都会遭到新入行心理医生的强烈质疑，他们说："如果心理医生不能治疗当事人的症状，不能解决当事人的问题，那不等于是江湖骗子？！"此时我会说："一辆汽车的前灯不亮，可能不是灯的问题，而是线路或其他问题。"

资源取向
——让孩子的“问题”不再是问题

要视孩子的症状为朋友而非敌人。

心理治疗的精髓在于它对事物的观察与众不同。我们已经习惯了一种问题取向的观察方法，或称因果分析法，父母总要为孩子的问题行为、坏情绪、不良的人际关系找到原因，讨个说法。这是一种问题取向的心理互动，很多孩子的问题也就是这样被父母们慢慢“观察”出来的。

心理医生对这些被“观察出来的问题”采用一种资源取向，利用它去改善孩子与父母的关系，改善孩子与社会的关系，让孩子和家庭从中受益。孩子的症状实际上是医生的朋友而非敌人，心理医生正是一群乐于与问题做朋友的人。对一些心理医生来说，最紧要的是赶紧扔掉一些心理学原理，大多数心理学的东西也在建构是非对错，难免让你的治疗缩手缩脚。

其实，心理学仍旧是一种解释或释义心理学，并非是一种归因学说。在物理世界我们看到的简单、渐进、秩序、因果关系，在人类的精神世界更多表现为复杂、并存、无序、循环因果。每一种心理治疗理论都是提供一种观察系统，观察系统在很大程度上决定着你能观察到的内容。知道这一点，你就不会是热衷建构心理理论的“病人”，这既是当事人的福，也是心理医生的宝贵成长。

第三章 引导孩子的行为

到底该不该打孩子

老话说“棒打出孝子”，现在的观点是“打人违法”。大家的说法各不相同。比如“就因为我爸那一巴掌，我没有再吸烟。”“哼，你越打我，我越不听你的。”“我的孩子从没挨过打，他也挺好的。”“我说什么他都不听，钻在人家的桌子底下大吵大闹，不肯回家。我就在他屁股上拍了那么一巴掌，他就老实了。”那么到底该不该打孩子呢？

三娘教子

记得《三国演义》中的赤壁之战：黄盖为了假降曹操，让周瑜痛打他三十大板，直被打得屁股开花、皮开肉绽，结果是计谋得逞、火烧赤壁，解了城下之围。后人们说“周瑜打黄盖，一个愿打，一个愿挨”，家教中的事，就有点这个意思，想打的人和挨打的人都是为了相同的目的：让孩子成才。

小时候，看川剧，有一折戏叫《三娘教子》，戏中三娘举着竹片子，教训孩子苦读书勤学习去考举人，有一段唱：“高高举起，轻轻落下，打在儿身，痛在娘心。”每当我在外惹是生非、要被母亲体罚时，就会提醒母亲：“高高举起，轻轻落下。”好的父母打孩子也如三娘一样，有种做戏的味道。

亲妈打得，后娘打不得

教育孩子并没有公认的一定之规，这要看家庭传承的文化、习惯，还有社会风气、父母自身的修养与受教育程度、孩子的个性、家庭的亲密度等。从统计学结果来看，在低文化、低经济状况中长大的孩子，挨打要多一些，因为父母的嘴不太善于说理，手就会自动来帮忙。在高文化、高收入环境中长大的孩子，挨打要少一些，被管束和教育的程度却要高得多，因为他们的父母智商情商一般都比较高，能想出很多有效的办法来制服淘气包。从心理学角度来看，打其实可以在某种程度上提示一种关系的亲密性。中国历来有“打是亲，骂是爱”之说。关系融洽的家庭，父母对孩子的态度反而随意一些，有时也会有敲敲打打，或批评得过火一些，对此孩子不会计较，也明白父母的用心。关系不融洽的家庭，敲打孩子或批评过火可能会引发孩子的逆反，得不偿失，严重时，甚至产生家庭内部的敌意、冷漠与隔离，父母与子女形同路人。所以能不能打孩子，要看你和孩子的关系铁不铁，常识中“亲妈打得，后娘打不得”就是这个道理。

被打的心理创伤

在我的临床咨询中，的确有不少成人把一生的不快、不幸福归结于父母的粗暴态度，破坏了他们在孩子时的尊严和自信心，使内心屈辱、怨恨，但这样的事要两说。许多人成年后不愿意接受现实中的不如意，以为如果小时候父母没有如此对待自己，现在就不会怎样，其实，这是一种对责任的逃避。持这种想法的人，甘愿扮演社会的弱者，沉浸在对过去的人和事的埋怨中，他们内心都有一种“我无能为力”的潜在信息。另一种情况就是家庭暴力，父母有性格方面的问题，或酗酒，或婚姻危机，或社会失意，所以拿孩子当出气筒。这种打一般比较凶，有皮肤的损伤，严重时可能还会有躯体、器官的损伤。生活在这样的家庭里，孩子的身心都会遗留很大的创伤，灵魂扭曲，成年后两极分化——要不怯弱胆小，要不就胡作非为。西方社会非常重视父母对孩子的虐待行为，其中包括性虐待、躯体虐待（体罚、忽视）、精神虐待（骂、指责、冷漠）。联合国儿童权利委员会就承担着督促父母行使好监护资格的职能，如有经过证实的虐待行为，可能会取消父母对子女的监护权。我国也于2022年1月1日开始实施《中华人民共和国家庭教育促进法》，旨在提升对儿童的保护和教育水平。

爱打孩子会遗传

东方文化由于过于重视家庭整体概念，强调家庭边界，法律不能轻易地介入家庭内部，家庭中的虐待现象被揭露得比较少，如果按照国际标准应该存在不少，但我们还要考虑民族习惯的迁延性，因为打孩子也是会“遗传”的。中国古代主张对孩子要严教，“黄荆棍下出好人”“不打不成才”“家严出孝子”，这些“至理名言”仍旧活跃在国人的潜意识中。当然，从人性的角度看，打孩子终究是不对的，现代社会越来越重视个性的独立、自由决策和自我边界，社会的价值取向也更多地偏向于是否有能力，是否有竞争力和创造力。打孩子可能会让孩子变成好人，变成听话的人，甚至是愿意好好学习的人，但过度的打骂会损伤他们成长的动力，挫伤他们的信心和淹没天生的创造力，后患无穷。

被冷落比挨打还难受

绝对的不打骂孩子是不是就对呢？其实不然，对孩子冷漠和忽视比打骂还要伤害人。在临床中，有两种疾病与童年遭受父母冷落、忽视，甚至遗弃有关：一是边缘性人格，这样的人在亲密关系中有一种强烈的不确定感、不安全感，缺乏自我边界，内心非常苦痛；另一种是创伤后应激障碍（PTSD），童年长期处在被忽视与否定的环境中，人格退缩、依赖，常有分离样情感色彩和躯体障碍。所以，能不能打孩子，该不该打孩子，不能很简单地用 YES 或 NO 来回答，我们需要引入新的观察系统，那就是要看打这个行为对解决某个问题是否有效，有效则“响鼓不用重锤”，孩子后来会感激你；没效势必“矫枉过正”，打会打出更大的麻烦和问题。

哪些孩子不能打

下列情况下的孩子是不能挨打的：①父母与孩子的关系不好，越打越疏远，越打越逆反，这种无效行为宁可不做。②孩子已经受到很大的挫折和委屈时，孩子承受压力的能力有限，雪上加霜的事千万别干。③过于内向的孩子，这种孩子天性敏感，处理应激能力有限，什么事都憋在心里，外表看不出来。打很容易让孩子不喜欢自己。④属于孩子自己的事情不要打，如爱好、社交、友情，尊重孩子的权利可以培养孩子的自信。⑤青春期前后的女孩不能打，女孩需要有更强的自尊心，因为她们成长后遇到的社会压力会比男孩大。女孩被打容易形成一种受虐倾向，以为打是一种被爱和被关注，未来会无意识地鼓励丈夫施暴。⑥打后还要让孩子自我检讨的事不要做，孩子被打以后相当一段时间内一般都很窝火，可以让孩子表达他的不满，让他有个心理缓冲期。这时候强迫他认错，等于逼迫他撒谎作假，会加重他的心理创伤。当然，最后要提醒的是，打不要真打，打只是一种策略，对孩子起到威慑作用即可。

是否该给孩子树榜样

小军夫妇一直以自己的儿子为荣，儿子的绘画、学习成绩一直在班里名列前茅。这天，邻居家的小莹考上了清华大学，小军夫妇便细细地向小莹的父母请教，准备让自己的儿子成为另一个小莹。小莹几点起几点睡、小莹平时几点复习功课、小莹爱吃什么爱喝什么、小莹看什么书、小莹有哪些业余爱好、小莹……，他们如法炮制这所有细节，期待着儿子也走进清华园。

按图索骥

中国有个成语叫“按图索骥”，说的是伯乐与千里马的故事。《汉书·梅福传》记载，伯乐立志于相马，先是虚心求教，按照相马的图经去寻找千里马，但费尽心力，皆不可得，后来领悟了凡事都有变通、不能拘泥于形式，于是开始有了自己的见解，最后伯乐才成为真正的伯乐。近代科学认为，人的智力、认知、记忆力千差万别，彼此的学习方式方法也存在许多差异。有的孩子一目十行，还能过目不忘；有的孩子读十遍书，还记不住，一旦记住，却终身不忘。孩子的学习方式和学习效率都有许多的不确定性，对张三有用的，对李四未必有用。还有一点就是智力发展的速度，有的孩子是早熟型，在小学中学就要占些优势；有的孩子是晚熟型，到了高二高三，甚至到了大学才知道努力。

天才总是太少

中央电视台曾采访一个家庭，父亲在家努力开发孩子的智力，让孩子很小就懂很多课本上的知识。慢慢地，父母、邻居及周边的人都以为这儿出了一个天才，媒体也来凑热闹，使得好几家中学愿意免费接收这位自学成才者。遗憾的是，那孩子竟然无法与同龄孩子相处，也无法理解老师的讲课，不久就退学回家。他的父亲抱怨当前教育体制不能为天才儿童创造成长的空间。我想这话说对了一半，聪明的孩子的确有一套适合自己的独特的学习方法，但我们也不能想当然地以为找到一种天才速成法，照圈画圆，天下的孩子便都能成才。

人有不一样，花有千样红

“每个人成长的道路是不一样的”，我相信每位家长都接受这句话，但真正要做到却很难。因为人都爱比较，而且这种比较往往追求一种短视效果，寻求即时的快乐。自己的孩子比邻家或亲友的孩子上的学校好、得的分高，心里就乐滋滋的。如果你说“我的孩子将来会比人家的好”，可能就是一种聊以自慰的表现。当今社会不少人处于急功近利的热切状态，缺乏耐心，难以深思熟虑地去为孩子设身处地地思考。在我的诊所里，许多孩子都困于现实的教育模式，像龙困在小溪里。他们兴趣广泛、动力充足，有很丰富的创造力和想象力，但缺乏社会认同，不断地遭受挫败。但聪明的孩子最终总能找到适应现实的方法，虽然会晚一点，仍旧可以成功。如果我们的家长不能等待，强迫孩子接受过度的期待，孩子会把聪明的力量转过来攻击自己，最终成为神经症病人。

模仿有时会是东施效颦

心理学认为，给孩子一个可以实现的目标，孩子会充满信心地去努力；给孩子一个遥不可及的目标，孩子就只能放弃。当然，我们对小军父母的行为也可以理解：摆着一个小莹（榜样）就在旁边，虚心地求教与模仿，虽不一定有效，试试又何妨？认知行为心理学本身也强调模仿与学习是人成长的捷径。但学习并不能拘泥于像与不像，而要致力于用。不过像小军父母那样的模仿的确有些邯郸学步、东施效颦的味道。这样的模仿最大的危险在于，一种方法决定一种期待，小军父母对小军的期待是造就另外一个小莹。小军面临的只有两种选择：要么失去自我，将小莹内化，生活在她的影子里；要么反抗，将自我扩张，拒绝任何变化。两种结果都是痛苦的、被强迫的。比较理想的做法，是将小莹的学习方法和生活方式（榜样）介绍给孩子，要求孩子借鉴其中的一两点，对照别人查漏补缺，弥补自己的短处，这样的模仿就不会让小军内心失去平衡，因此也不会引发他的心理逆反。

方法对，就成功了一半

有句名言说，“只有不好的教育方式，没有教育不好的学生”，这句话潜在的意思就是总有一种教育方式是适合你的孩子的，不过也许不是社会主流的教育方式。父母亲有责任帮孩子做分析，如孩子的智力水平、逻辑推理能力、记忆能力、兴趣、阅读的方式（有无笔记、写不写读后感、做不做归纳等）、年龄、性别等因素，为孩子推荐一些学习方法，一是要发扬长处，二是要弥补短处。一般来说，外向的孩子屁股坐不稳，要创造灵活多变的学习方式，让他的情志保持在兴奋状态；内向的孩子思维丰富，可以形成一套独特的学习方式，要保证他充足的学习时间，并提供安静的环境。前者重在创新，后者重在积累。并非只有小军父母望子成龙，天下父母的心都过于迫切，不过，这也是一种资源，我国的教育本来就是“好鼓也要用重锤”！

如何把握教养的松紧尺度

5岁陶陶的父母崇尚西方的自由式教育，认为这样才能够激发孩子的创造性。一天，妈妈带陶陶去小张阿姨家做客，陶陶和在家一样，也是穿着鞋就上床，拿起笔就往墙上画。陶陶的妈妈依然笑眯眯地欣赏着儿子，小张阿姨却觉得防不胜防。

自由有其代价

自由是人的一种内心追求。用积极眼光看世界的人，可能会说自由是一种抉择。你选择了自由，同时也就选择了责任；用现实眼光看世界的人，会认为自由只是相对而言的东西，没有真正的自由，哪怕精神幻想也不是真正的自由，因为幻想的内容不仅受到你的教育和经验的制约，同时还会受到社会文化与道德的影响。那么用科学头脑来看自由，自由只是决定论下面的因果规律，凡事都有因，诸因都有果，自由是在规则下的自由。我这样看自由，自由可能是人内心的一种期待，当你能让你的一切欲望都变为行动，并能为行为的所有后果负责的时候，相对来说，你就获得自由了。

自由不等于放任

陶陶母亲鼓励陶陶的方法，看起来是给儿子自由，但陶陶却不必为自己的行为承担任何后果（责任），这样的自由其实是一种放纵。比较好的方法是：陶陶的妈妈在自己家里欣赏完儿子的创造性后，一定要陶陶亲手来洗涤床单和清洁墙壁，让他为他的创造性负责。以后，对于是在一张纸上作画，还是爬上床对着墙作画，陶陶应该会做出正确选择。我们的孩子很小的时候，或者我们很小的时候都曾经在墙上信手涂鸦，长大以后，我们有时还会趴在地上在矮墙上寻找那些过去的痕迹——那里蕴藏着许多儿时的记忆。但我们什么时候就不再胡乱涂鸦了呢？是我们知道这种涂鸦损害了一些东西，如墙面地面的干净整洁、弄脏了手和衣服，于是我们选择了另外的涂鸦方式，让自己能够轻松地承担结果。

墙上的涂鸦集

有一个聪明的妈妈，她也和陶陶的母亲一样，不想让孩子涂鸦的“创作冲动”被抑制，于是她在孩子够得到的墙上贴上了纸，待孩子涂鸦完成后，她就把纸摘下来，慢慢地整理成了一个本子。在孩子 18 岁离家上大学的时候妈妈拿出来送给他，那孩子非常惊讶，惊讶的不是他幼年有如此多的“创作”，惊讶的是母亲对他的“创作”如此珍视。后来，他成了作家。

鼓励自由，却不愿意让孩子为自己的自由负责，结果其实是鼓励依赖与幼稚化。有些教育专家认为当前的教育缺乏对孩子创造性的培养与关注，削弱和压制了孩子的创造性。从幼儿园开始，孩子的发散思维、丰富的情景思维、感性、个性被共性、规则、秩序慢慢磨灭，在大学毕业时已经习惯了按部就班的机械思维。其实，人的创造性是一种天生的能力，你只要不压制它，它就会源源不断地流淌出来。

教育三要素

如何做到不压制孩子的创造性呢？我想有三个要素：第一是关注，对孩子的一切新的行为都要感兴趣，不管这个行为的意义是否符合大人的世界观，要把孩子本身当作一个宝藏，每天都能在他身上发现美好的东西。这种关注就是一种强化，孩子会不断地为你呈现新行为、新思想。

第二是认同与分享，让孩子觉得他对世界的一切探索都会让父母欢欣鼓舞，哪怕这种探索最终是以失败告终。

父母要保持对探索本身的赞同，兴趣盎然地参与孩子的探索，并鼓励孩子享受探索的快乐和痛苦，体验失败。不要因为害怕孩子会失败而过多地去帮助他、替代他。小时候过多的成功会让孩子觉得失败是非常可怕的事情，以致长大后不能面对困难。

第三是恰当的评价，要告诉孩子有些事情需要等到更大一些的时候再做，有些事情我们在孩子失败以后再告诉孩子正确的方法，让他有机会从失败中获得经验。有时候，我们要为他提供一些选择，并教会他如何选择更有效率、简洁、便利和不影响他人的方法。在评价时，要注意先肯定再否定，先说“Yes”，再说“Maybe”，在万不得已的情况下再说“No!”让他知道自由的创造力是在一定规则下发挥的，要既符合规则又不完全受限于规则，可以让刻板的规则变得生动，甚至创造规则。

只要注意这三个要素，孩子会越来越对创造性感兴趣，各方面才能也会得到发展。

创造性蕴藏在细节中

同样，还需要重视的是对孩子个性的培养，个性是创造性的基础。许多创造性都蕴藏在细节中，在一些细小之处，个性的力量让我们渴望与众不同，于是我们就创造性地生活。不那么听话的孩子，创造性的活动和思维要比循规蹈矩听话的孩子多一些。我们的学校为了方便管理，让孩子们穿一样的衣服、读一样的课本、回答一样的问题，细节上要求一致本身对创造力是不利的。

在求同与求异之间，在共性与个性之间，我们要把握一种微妙的平衡，让心灵的创造力像花蕾一样绽放。

父母要不要唱“红脸”与“白脸”

有人说，夫妻对孩子，要一个唱红脸，一个唱白脸，这样孩子会有台阶下，容易转弯。也有人说，夫妻的教育态度一定要一致，否则孩子会钻空子，学会见风使舵。对于处于被批评状态下的孩子来说，心中都希望有“救星”出现；无数有被“救”经历的孩子，也都从过去的经历中学到了东西。

严父慈母——中国的家教文化

家庭中的红脸与白脸并不是教育观念的对立，而是一种施教的技术。中国古往今来就有严父慈母的文化色彩，严即是白脸，慈即是红脸，十几亿的中华子孙就是在这样的文化中成长起来的。

用西方文化来看中国，尤其是用精神分析的眼光来看严父慈母文化给中国人的集体无意识留下了什么，那就是对权威的畏惧。见人先要有尊卑上下，卑不胜尊，下不犯上。中国古代历来以忠心、孝顺、服从为其做人的美德，严教慈养是一种教育的主流趋向。但现在有些不同，东西方文化交融碰撞很多，教育观念有了很大的改变。从儿童发展心理学来说，教育必须依赖于父母与孩子之间的亲密关系，父母与孩子能随时随地、畅通无阻地分享彼此的快乐与担忧，孩子们就能自发地去做一些大人喜欢的事。这样一来，过去孩子因为怕才去做的事，现在因为爱也同样会去做。

山中无老虎，猴子称霸王

西方的家庭教育是否比东方有更大的弹性和可选择性，我不敢妄下结论，但客观地说，西方重视培养孩子的动手能力，东方重视培养孩子的心地善良。

有这样一个家庭：父母早年到美国念书工作，接受了许多西方教育的文化传统，后来回国创业，在中关村开了一家小小的电脑公司。他们有一个儿子，虽然才3岁，可精力非常充沛，幼儿园是绝对不去的，只要小眼一睁，父母、保姆、阿姨一个都不能少，都得围着他，听他使唤与摆布。父母认为孩子是绝对不能打骂和恐吓的，说理又没有多大的用，于是就只有哄，开始还能奏点效，后来如何哄都不管事，孩子最长的哭闹可以长达几个小时，直到把自己哭闭了气。父母白天像逃难般趁孩子未睁眼时离开，晚上再壮着胆子回来接受孩子的折腾，常常是精疲力竭。请来的阿姨也是叫苦不迭，干不了三月两月就走人。儿科医生、心理医生都看过了，就是没有效。我去看过那个小家伙，一点都不怕生，到你面前来打量你、琢磨你，我给他瞪眉鼓眼睛，他有些惊讶，但却不怎么怕。这时，电话铃响了，他的母亲不经意地摘下话筒问对方找谁，这小家伙马上不干了，惊呼呐喊，就地打滚。母亲赶快对打电话的人说："请你再拨一次，我的儿子要接。"一分钟后，电话铃又响了，小家伙翻身从地上爬起，像胜利者般摘下话筒，问："你找谁？"……

谁来扮演权威

我对父母说，你们两个人都不想扮演权威，孩子就会自己来扮演权威。你们可以轮流来扮演权威，或者慢慢形成一种老鼠吃大象的局面：母亲服从孩子，孩子服从父亲，父亲服从母亲，构成一个权力的流动环。自此以后，父母演绎双簧，父亲快乐地扮演被母亲控制的人，让孩子觉得被控制和管理也很好玩。两个月以后，再去他家串门，发现小家伙乖乖地坐在小桌子上学画画，父亲"严肃"地坐在一旁看自己的书。小家伙见有人来，抬头说"叔叔好！"，然后看着父亲。父亲说："好！你去玩一会吧。"孩子跳了起来，满屋子乱窜着喊："妈妈，来跟我玩过家家！"

有时候，红脸与白脸的策略也是有效的。教育的一致性体现在对孩子的发展目标的期待上，教育的多样性体现在教育方式的选择上，两者都不可或缺。但如果是因为父母之间的感情问题或价值观念不同，一人想让孩子往东，另一个怄气式地偏要让孩子往西，这样的红脸白脸就是教育的深渊。

“说话算数”重要吗

张女士认为，要让孩子成长为一个诚实的人，自己就要对孩子说话算数。但现实生活中有太多的事让张女士没法对孩子说话算数：说好下班早点去接孩子，可是半路自行车胎爆了，一下就耽误了半个小时；公司突然周末加班，让原来许诺带孩子去公园的计划泡汤了……

说话算数

父母总觉得孩子应该像大人一样明辨是非、分清对错，在孩子还未定型时，一厢情愿地想把一些所谓正确的东西灌输给他们，有时甚至不惜伤害与孩子的感情，剥夺孩子成长的快乐，因为父母以为这样是对孩子好。在所有的此类教育中，最可怕的就是不许孩子说谎，不许孩子承诺了又反悔，为了以身作则或言传身教，父母才对孩子说话算数。

古人的故事

中国古代有个故事，说一个姓伍的人和孩子戏言，说孩子如果做什么事，他就将家里唯一一头耕牛宰杀来吃。孩子竟然就去做了。姓伍的开始反悔，因为耕牛杀了就无法耕地。可为了让孩子学会承诺必须践诺，姓伍的人忍痛把耕牛杀了，最后只能自己背着铁犁去耕地。小时候，父亲时常用这个故事教育我要信守承诺，我是很不以为然的，我觉得这个故事带给我们的警示是：慎言，千万不要轻易对人承诺。哪怕是自己的亲人，说话也要谨小慎微，不然吃不了就得兜着走。这样的教育容易培养出一些过于循规蹈矩的人。

别打肿脸充胖子

在西方文化里，承诺是可以取消的，不那么要求大丈夫一诺千金、一言九鼎，而是有一个可供修改的期限，只有过了某个期限，才开始有了法律的依据，才需要不得不去完成。所以西方人什么都敢说，说过了说多了还可以纠正，并不为这样的言行汗颜，反倒觉得是理所应当的事，修改承诺是一种权利。如果说了就得实现，说话就需要保守。如果被权力逼得必须要说过了、说大了才行，那说过以后就只有作假，打肿脸充胖子。

说大话闪了舌头

有个 8 岁的男孩有一天和父母逛商场，听到有人弹钢琴。动听的琴声吸引了他，他拉着父母走到乐器店，痴迷地望着那架钢琴。父母经济条件并不好，对音乐也是一窍不通，看到那价签上的天文数字，两个人手心都出了汗。儿子说："妈妈，我要一架钢琴！" 父母听来不亚于是一声惊雷。但这对父母是要强的人，左邻右舍的父母都在给孩子培养各种艺术兴趣或体育才能，万一自己的孩子是那块莫扎特、贝多芬般的料子呢？于是他们和孩子达成协定："保证每天弹两小时以上的琴。"儿子非常高兴地用幼稚的笔触写下了看起来并不算难的保证，而父母也通过向亲人借钱买回了琴。

现在，那个字条就摆在我的诊桌前，而时间不过仅仅过了一年。在这一年里，这家人平静和睦的生活被彻底打破了，父母一定要孩子每天践行弹琴两小时的承诺，而孩子早就把弹琴看成苦差事，他的兴趣点已经转移。父母不依不饶，孩子因被诺言套牢，变得非常粗野。父母不得不强行控制他，他会反抗。反抗没有用，就出现许多身心症状，一摸钢琴双手就会痉挛。

变通的权利

我向他的父母建议毁掉这张字条，那样孩子还可以把钢琴看作一个朋友，要不，钢琴只会是他的敌人——剥夺他许多兴趣和快乐的敌人。父母担心孩子以后会成为一个不讲信用的人。我告诉他的父母，孩子的世界与成人不同，他做的许多事都是一种对生活的试探，最后得由他自己来选择一种生活方式。如果我们利用他的无知来诱他承诺，逼迫他不得不选定一种生活，孩子得到的可能比失去的还要多。父母接受了毁约的提议，孩子的手再没有痉挛过。有承诺的权利，同时也应该有变通的权利，当然也要承担变通的责任，这是一种做人的灵活。如果所有的承诺都必须兑现，那么人们会更多地选择闭嘴。

吃苦才能成才吗

津津的父亲从小吃了不少苦，不希望津津像传闻中的独生子那样吃不得苦，于是在津津7岁那年，带孩子背着行李去登山。然而山太高，行李也太重，孩子的脚步渐渐跟不上了。孩子呼喊："爸爸，你能不能等等我？我真的走不动了。"爸爸心想："我不能心软。不吃苦怎么练得出来？"路人不解："孩子才7岁，身体正在发育阶段，非得这样锻炼孩子的吃苦精神吗？"

孩子是父母自我的延伸

从某种意义上来说，孩子永远是父母内在感觉的调节器，孩子们在现实中的表现与父母一生的成就感、满足感、缺陷感、罪错感密不可分。从基因的角度来说，孩子是父母生命的延伸。从心理学角度来说，孩子也可能成为父母自我的延伸。父母对孩子未来的期望有一种自然的倾向，就是希望孩子去完成自己此生的未竟事业。读书不多的人下意识地要孩子上好学校，哪怕砸锅卖铁也在所不惜。最明显的例子是取名，担心贫困的人喜欢让孩子取名“发财”“富贵”，身体病弱的人愿意叫孩子“长寿”“康健”……，自己一生的内疚与欠缺都希望从孩子身上找补回来。心理学把这种期待看成是一种代际间传递的责任，孩子打娘胎里出来就要面对上一代留下的烦恼。

强迫性认同

津津的父亲对津津的态度有点像是一种强迫性认同，让津津完全按照他的内在模式去生活与成长，以此来证明自己过去受过的苦是值得的。假如津津真的变得越来越坚忍顽强、变得成功，父亲会通过孩子的成功来认同自己，觉得自己的一生没有白过。如果津津受不了折磨，变得消沉和颓废，父亲不一定会认为是方法的问题，反而会抱怨孩子懒惰或被人娇惯。这样的父亲通过反向作用来认同自己，尽管他对别人不重要，但至少在孩子面前，他是一个强者和优胜者。所以，我个人觉得津津父亲的做法有些不可取，因为他把成人的一部分压力转嫁到孩子身上，有拔苗助长之嫌。

闭门造车

有一个父亲自认为发现自己的儿子有超常的智力，便不管不顾地放弃正常的生活要培养孩子出名。他不相信学校和老师能教育好他的孩子，于是，停职在家专门教孩子功课。孩子三四岁就开始在家上课，小小的阁楼、小小的木桌，小小的脑袋里装满了许多囫囵吞枣的“东西”。在家庭的小环境里，父亲是越来越沾沾自喜，因为在周遭的孩子还懵懵懂懂的时候，自己的孩子已经能算会写，棋琴书画无一不通。但父亲并不满足在自己的小环境里孤芳自赏，他需要社会的认同，需要社会对儿子超常智力的认同来获得对自我的认同。于是，没有上过一天学的八九岁的孩子，被送到当地的初中，不到两周，孩子就从学校跑回了家。孩子习惯了父亲耳提面命式的教育方式，学校老师的教育方法他怎么也听不懂，父亲面对只能在家学习的孩子，无奈地说学校教育存在很大的缺陷，是缺乏个性化的教育。

聪明反被聪明误

其实，应该抱怨的是父亲对孩子的拔苗助长，孩子可能是聪明一点，被他这一折腾，聪明反倒被聪明误。这个故事和中国成语中的“闭门造车”如出一辙，社会有社会的标准，父母如何标新立异地想和做其实并不很重要，重要的是你最后还是要有社会的认同。父母对孩子的教育培养应该有个基本的思路，引导孩子去适应现实社会，利用社会资源（学校、社会环境）来发展自己。所以 3 岁要他上幼儿园，学习与同龄人相处；6 岁要他上小学，接受管理与规则；10 岁要他有公德心，接受责任与压力，不能只由着自己；14 岁要他体验独立与自由的决策，选择爱好和社交伙伴；18 岁要他面对社会挑战（高考），决定自我的命运……。津津的父亲，出发点可能是好的，但效果不好，因为过大的压力可能形成一种童年的创伤体验，使孩子的内心没有安全感与对自己满意的掌控，从而会导致无意识地放弃自己，盲目地去服从和寻求权威的控制，得不偿失。对孩子的教育最好是让孩子力所能及，因势利导才能水到渠成。

孩子“小家子气”怎么办

两岁的田田不爱和小朋友一起玩，妈妈非常着急。于是妈妈经常邀请和田田差不多的小朋友到家里来玩，尽管妈妈十分好客，每次都尽心招待小朋友，有什么要求也尽量满足，希望给田田做出榜样，田田却变得越来越“小气”：不仅霸着玩具不让小朋友碰，到后来，竟然不让被邀请的小朋友上楼。

分离与依恋

两岁的田田远没有到变得大气的时候，按照正常的心理发展规律，这个阶段的孩子面临着一种与母亲的分离性焦虑。一方面，他们会表现得担心与母亲分开，似乎越来越缺少独处的能力，越来越需要母亲的关照、控制和情绪依赖。如果母亲忽视了孩子这时的心理需求，没有给予孩子足够的依恋满足，会让孩子形成一种亲密障碍：成年后对所爱的人缺乏信任与安全感。另一方面，这时孩子的心灵像打开了一扇窗子，开始对外部世界充满兴趣。与母亲的依恋就像是一个供血的脐带，带给他足够的对外界探索的勇气和信心，如果缺乏母亲的鼓励和积极引导，孩子也许会变得内向甚至自闭。田田正处在这种心理发展的关键期，母亲需要及时给予孩子鼓励，而不能操之过急。例如，田田能默许小朋友靠近，母亲就表现出非常愉快的样子；田田与小朋友有一点接触，母亲就去快乐地拥抱他、亲他，让他觉得这样很好；而田田拒绝与小朋友接触，母亲可以不那么重视、关注，甚至表现出无所谓的样子，这样，田田易于在对外界的探索和对母亲的依恋两个层面都得到满足，与人交往的能力就会增强。

自我中心的孩子——妈妈只能爱我一个人

读田田的故事，我更关注的是父母与孩子的交流。两岁孩子对父母意向的拒绝很大可能是指向与父母关系的，而非内容。正像上面的情景，反映到田田脑海里，并不是社交的问题，而是对母亲是否只爱自己有些困惑和不清。两岁的孩子基本上还是以自我为中心的，拒绝别的孩子意味着对母亲说“你只能爱我一个人”。把田田不和小朋友玩当作一种小家子气，是一种交流中的误解。其实，一个过于外向、喜欢对别人热情的母亲，很难和自己的孩子形成亲密依恋，孩子因此表现出一些内向和依赖也在情理之中。

不同的母亲生不同的孩子

和田田的故事相反，在内向的母亲面前，孩子会显得过于活泼，心理学认为这是关系的均衡。在母子相依共存的状态下（两岁以前），会形成定量的情绪与情感的交流，不是发自母亲就是发自孩子。我曾治疗过一对这样的母女：母亲性格安静内向，喜欢静静地看书和冥想，有了小女儿以后，平衡被彻底打破，孩子整天的吵闹多动让好静的母亲焦头烂额、神经衰弱。在诊室里，小女儿异常活泼健壮，很会讨好人，连眼睛都会说话，这都是被母亲矜持的个性逼出来的。我对母亲说，你要是在家里活泼一些、吵闹一些，孩子没准反倒会安静一些，母亲试了试，还真灵。当母亲知道孩子的闹是在补偿一种关系的不足时，应对的方法就不再是批评和抱怨，而是给她亲密的满足。吵得慌时，母亲就微笑着拒绝她，安静可爱的时候，母亲就主动去亲她抱她，孩子就这样一天一天健康地成长，母亲也不再神经衰弱。

孩子学会掣肘

与孩子的交流一定要理解孩子行为后面的本意，对两岁的孩子来说，能引发父母关注的行为都符合孩子的内心本意。在我学心理学时，看过一个美国的教学片，父亲对两岁的儿子说:“高级音响是绝对不许去碰的。”然后起身离开了。孩子在那音响面前走来走去，非常地兴奋，也有些惶恐，最后还是忍不住去碰了，父亲立即走过来呵斥他，孩子噘着嘴走开了。但这个行为给了他一种强化，每当父亲不怎么理他时，儿子就冲到客厅里去折腾音响，父亲便不得不起身来制止他，由此形成一种歪曲的关系交流。理想的方法是对孩子碰音响的行为给予必要的忽视，从而使孩子对它的兴趣慢慢消退。相对田田来说，拒绝别的孩子，引发母亲对他进一步的行为与用心，这是关系的达成。很多研究孩子智力的学者都承认在母子关系中，真正的智者可能是孩子!

孩子撒谎是坏毛病吗

玲玲5岁的时候开始撒谎，说幼儿园有孩子欺负她。父母格外着急，跑到老师那儿反映情况，结果是子虚乌有的事。后来，玲玲撒谎的内容越来越离奇，父母为此大伤脑筋。他们责备玲玲，甚至不惜体罚，一定要把玲玲的坏毛病改正过来。玲玲受了惊吓，变得内向。后来心理医生告诉父母，孩子的撒谎实际上可能是在发展一种幻想能力，这时玲玲的父母真是后悔莫及。

说得到未必做得到

如果让你说出儿童的内心世界是一个什么样的世界，你会承认儿童的内心世界里充满想象、幻觉、自我中心的诠释、纷乱的色彩和离奇的感知觉，但当你想教育孩子的时候，又会无意识地把自己对世界的认知与看法强加给他，以为孩子应该和你一样。心理学认为，儿童的内心世界与成人在三个方面有显著的不同：一是成人眼中的世界基本是定型的，儿童可以感知的世界是不完整的、未定型的；二是成人认为任何事物都存在内在因果关系与逻辑，儿童却难以把握这样的联系，以为许多事物都是独立的或并存的；三是成人行为语言以社会角色或家庭角色来进行自我定位，儿童喜欢用游戏的心态或游戏角色来体验情绪和探索世界。从感知未定型到定型，从思维的发散到思维具有逻辑性，从游戏心态到成熟心态的过程正是人成长的过程。

成熟是对本真的压抑

从某种意义上看，这种成熟可能伴随着一种对本性的压抑，渐渐地丧失了人在生物世界中的自然性，增加了人的社会性。有的人社会化程度高一些，更加符合主流意识与文化的要求，有的人社会化程度低一些，保留了更多的个性和幻想性。自然科学的发展已经证实，物质世界或生命存在并没有真正的逻辑可循，逻辑、规则、是非观只是人类认识世界的一些方法，而非世界的本质。

处理撒谎的策略

面对玲玲的撒谎，比较有用的方法是让她的撒谎不能获益，如果让撒谎获益，撒谎就会不自主地延续。儿童的获益并不一定是物质方面的东西，很多情况下是需要父母表现出一种情绪，着急、担忧的情绪会让孩子觉得父母是关心他的。有的父母缺少与孩子的亲密交流，主动关注也不够，每当孩子感觉到寂寞的时候，就会说一些想象的谎话来让父母着急，以换取父母对自己的在意，哪怕事后受到惩罚也在所不惜（因为受惩罚也是一种变相的关爱）。

分析一个孩子的“撒谎”要考虑三方面的问题：情绪体验、心理动机、潜在的获益性。玲玲说在幼儿园被人欺负，在情绪体验方面可能来源于一种关系焦虑，每个孩子在群体活动中，最初都会体验到受挫感和孤独感，也不排除她会把一些不安投射到某些具有攻击色彩的孩子身上。她说某某欺负她，在感觉上是成立的，在事实上是夸大的。撒谎动机可能曲折地表现出她对上幼儿园的心理抵抗，潜在的获益除了要释放委屈心境外，也希望从父母那儿获得情感与物质补偿，有时也是逃避某些责任或为自己寻找理由。

改变谎话的性质

处理孩子的谎言，父母应该对孩子内心不快乐的感觉有恰当的同情，让孩子明白你是懂他的。有时需要改译孩子的语言，把“谎言”变成一种希望或猜想，要孩子注意到真实和想象的差别。同时，要针对撒谎的对象给予一些积极的提示。例如，可以温柔地对玲玲说“那男孩来招你其实是喜欢你，你看他主动把玩具给你玩……”，或者亲热地抱着她说“宝贝，我知道对你来说刚上幼儿园的感觉不是很好，有些孩子会欺负你，也不像在家里那么自由”。待表达了足够的理解和同情后话锋一转，说“今天阿姨教了你什么本领”或“今天有没有做什么有趣的游戏”，把孩子的注意力转移到积极情绪方面，在孩子回答这些问题时，用欣赏的眼光看着她并及时给予赞许，玲玲内心的不快感很快就会松解。这样做既满足了孩子对父母的心理诉求，又强化了孩子对幼儿园的正性认识。

先充分地肯定，再部分地否定

处理孩子谎话的原则是先充分地肯定，再部分地否定。如何处理获益？办法是先给孩子一些表扬、关爱或物质奖励。许多孩子会恰如其分地使用“撒谎”技术来获得与父母的亲密感，适当的补偿对孩子的心理发展是有好处的。如果遇到过度“撒谎”的孩子，就要使用消退技术，在孩子表现正性情绪时给予极大的好处，满足其要求；在孩子表现负性情绪或撒谎时，给予冷静处理，耐心地听，然后微笑着一言不发地离开，让孩子意识到这样做得不到预想的东西。

让孩子从诚实中获益

说真话需要勇气，听真话同样需要勇气，要让孩子诚实，就要让孩子从说真话中获益。那么我们应该怎样来引导孩子学习成熟的交流方式和诚实的语言？孩子两岁以前，父母需要先把自己“幼稚化”，来和孩子形成有效的交流；2~5 岁之间，父母要充分认同孩子感觉中的幻想性，不要去挫伤他，而要透过幻想的面纱直达孩子的心灵，让孩子觉得父母是理解他的；6 岁以后，鼓励孩子学会与同龄人、老师交往，学习诚实的表达，这时候，如果孩子撒谎，则不能用对错去谴责他，要承认每个孩子都会有撒谎的经历，这是孩子成长中必经的烦恼；到了 12 岁，孩子已经有了初级的是非观，对他的说谎行为才可以稍加批评，告诉他说真话更容易达到目的；16 岁以后人格形成，孩子仍旧说谎，甚至是说伤害别人的谎话，这时父母才可论及孩子的品行。过早地将成人的是非观强加给孩子，会让孩子出现人际焦虑，增强撒谎的冲动，挫伤孩子的自尊心。

欲速则不达

父母希望孩子尽快融入社会，学会社会规则，获得被社会赞许的品质，如诚实、责任心、上进心、荣誉心等也是非常正当的，这样做当然也是为了孩子今后的利益，就像赛跑，谁起跑快，谁就更容易获胜。问题是我们该如何循序渐进、如何考虑自己孩子自身的个体特性，从而把事情做得恰如其分，让孩子既学会社会有用的规则，又能保持孩子部分的童心和对自然本质的敏感？其实，平庸的人和超凡脱俗的人的不同就在于后者有着非凡的幻想、想象和感觉能力，这是活着的艺术，过于现实的人内心也要单调一些。要把孩子培养成天使般的人物，父母首先要融入孩子的内心世界，帮助他体验足够的存在的快乐，建立对自己的喜爱与信心，然后再诱导他如何利用规则来维持满意的生活与理想的环境，教育儿童的方式应该是用积极肯定来维持他自我发展的动力，而不能使用简单的肯定与否定来催他早熟。

总犯错的孩子会变坏吗

8岁的敢敢其实一点都不勇敢，原因是他的爷爷奶奶还有父母4个人整天都是贴身相随。敢敢的父亲说，不能让孩子犯错误，老犯错误的孩子会学坏。所以，全家人都在消除可能让敢敢犯错误的机会，结果一不留神敢敢就干坏事，今天砸坏邻居的窗，明天弄伤别人的狗，每天都有来家告状的人。敢敢干了坏事，就会吓得躲起来，父母就不得不替他受过。

成长的烦恼

每个孩子都会面对成长的烦恼，每一个年龄段，孩子都或多或少会出现一些相似的问题。例如，1岁：吵夜，缠人；2岁：不好好吃饭，说话构音不清；3岁：乱拉屎尿，乱涂乱画；4岁：捣蛋，违逆，搞恶作剧；5岁：撒谎，欺负小孩子、小动物；6岁：闯祸，偷拿别人的东西，砸碎玻璃；7岁：多动，贪玩，不爱学习；8岁……

发展心理学认为，孩子小的时候，像一个空白的录像带，需要对所有情绪（快乐、痛苦、悲伤、骄傲、自满、受挫、爱恨等）与行为进行预演与体验，留下适当的印痕，在今后成长的道路上，这些印痕都是可利用的资源，孩子可以通过"心理反刍"，找到较为合适的应对方法。这就像人体免疫系统的形成，1~3岁是一个最佳的形成时期，过了这个时期，要形成有效的免疫，肌体就要付出应激与发炎的代价。

犯错是一种心理需要

孩子小时候犯一些错误，可以通过错误来确知与外界或他人的关系，也可以获得对错误的部分免疫。人类的孩子与哺乳动物小时候一样，要在游戏中预演攻击与防御、残忍与仁慈、捕获与逃避……才能获得生存的能力。敢敢被贴身看护，显然会失去一些行为与情绪实现的机会。小时候未曾体验的东西，就像欠下了债，长大后内心总有些不安宁和不踏实，有时会以冲动的行为或变样的举动来实现那些未竟的"事"。孩子在2~5岁时，许多负性情绪如愤怒、对抗、残忍、嫉妒、仇恨都要有适当的释放和表达，从中获取管理这些情绪的经验，学会节制。孩子犯错需要合适的年龄，5岁孩子当街撒尿，别人只会一笑，12岁还当街撒尿就会被视为品行不端。同样，一个孩子伤害小动物，遭受过父母的“不满”，长大了就不会跑到动物园去跟狗熊过不去——这可能是幼稚行为的延迟出现。在孩子小的时候，该犯的错误没有机会犯，到了不该犯错的时候，却用幼稚的行为去“补课”，那真是有些得不偿失。

犯错是很好的老师

我们观察到这样的现象，小错误不犯的人常常犯大错误，究其原因，是没有犯错的经验。犯错是孩子的权利，也是孩子成长的资源！拿敢敢来说，他的行为在心理学上叫作攻击性外显，解决的办法是让他承受行为的责任，去面对谴责、赔偿损失、向别人道歉。这样做的好处一是摆脱自我中心，认识到在外部世界不能为所欲为；二是遭受必要的情绪挫折，体验到后悔、难过、害怕是什么东西；三是学会协调攻击欲望与环境的关系，慢慢把攻击行为转到积极安全的领域和范围（如运动、竞赛）。

积极地看，每个孩子都会欺负别人也会被别人欺负，从中可以学会自我保护；砸烂东西、伤害小动物，从中学会怜悯、爱惜和承担责任；对人撒谎，从中知道诚实的重要性，学会如何保持缄默或运用一些模棱两可的语句来应对困境；与父母或老师的对抗、怀恨在心、谩骂、违拗、给他们的水杯里吐唾沫，从中学会协调与权威的关系，学习服从与心理平衡技术；逃学、不做家庭作业、上课不好好听讲，体会到自由是有代价的，短时的放纵必定有长久的损失，知道如何约束自己的欲望与懒惰。比较严重的错误是斗气打架、偷拿别人的东西、恶性撒谎、侵害别人利益、无故离家出走等，这些错误看起来很糟糕，但孩子还是可以从中获益，学会预见行为的后果，承受不愉快的处罚和社会压力，遭受孤独与焦虑等，从而开始权衡自己的利益与得失。

让孩子在错误中获益

要让孩子在错误中获益，家长们一定要避免两个不好的倾向：一是父母竭尽全力来预防孩子犯错，一旦犯错又竭尽全力让孩子避免遭受惩罚，以为孩子犯错一定是父母教育得不好，要替孩子受过，其实不然，再好的父母也不能保证孩子不出差错，但好的教育一定会把犯错看成是教育的良机，使孩子从犯错中获得成长。二是过度惩罚，以为不管多大的孩子做了错事都是非常糟糕的事，是品行或道德问题，凡事上纲上线，甚至不惜用谩骂、体罚来纠错，使小错变成重大的心理创伤，犯错违规的冲动没有化解，而是被潜抑和深藏，成为一种心理情结，削弱了孩子的防御能力与生存能力。

不该犯的错不要犯

当然，并非一定要鼓励孩子去犯错，顺其自然比较好。

犯错也是需要有一定的心理承受能力的，没有心理承受能力的孩子，可能也不敢犯错。研究发现，具有创造性思维的人犯错的机会要多一些，犯的错误也要大一些，发明家爱迪生小时候在化学试验中，曾把一个小试验室炸翻。可以说，敢犯错误的人都是一些有希望的人，关键是犯错的时机要把握好，在该犯错误的年龄可犯些必要的错误。小孩子如果犯了大错（面临学校除名、巨大的赔偿、离家出走等），就成了孩子人格发展的危机，父母有时也不得不被卷入来帮助孩子承担部分责任。要让孩子不犯大错，必须让孩子从犯小错中学会预见行为的后果。那么，明知孩子的行为会失败、会导致犯错，家长是任其发展下去还是要制止，这要看犯错后的责任孩子是否能承受，如果不能承受，帮助他预见后果是重要的，不让他犯不该犯的错。

孩子犯错考验父母

孩子的犯错就像在学习中遇到难题，父母需要像老师讲题一样帮助孩子去分析。首先是行为的动机好不好，如果动机是好的，先表扬他，以减少孩子的焦虑；再看方法对不对，如果方法不错或部分不错，肯定他，让他知道部分行为还是被认同的；最后看结果如何，错误是怎样形成的，孩子也许开始以为自己是对的，父母需要告诉他任何行为都不仅需要自己的满足，还需要别人的认同，要得到认同，就要遵守共同的规则，从而告诉他通常有哪些处事的规则。

通过这样的教导，孩子很快会从犯错中学到很多好的东西，同样的错误也不会一犯再犯。犯错有几种类别：一是无心之错，原因是孩子缺乏经验，对行为的后果不能预见，这些错误是可以理解的；二是有意之错，有好的动机但没有处理问题的能力，好心办坏事、帮倒忙，比如想帮妈妈洗碗却砸坏了一叠盘子；三是无理之错，想要发气、报复或攻击谁，做一些损人不利己的事，协调不好本能与环境的关系。只要我们提醒孩子不要总犯同样的错误，或不要去犯无意义的或低级的错误就尽到了做父母的责任。

纠错先解决好内心的情结

很多父母在面对孩子犯错时不会那么理性，这也是可以理解的，因为父母也是人，也有情绪。孩子的有些错误还会激发父母早年的心理创伤，无意识地想通过教育孩子去纠自己几十年前的错。对孩子犯错的态度常常透视出父母早年未处理好的情结，注意孩子的心理年龄和心理承受能力，能避免父母的过度要求。在亲子关系好的家庭，孩子遭受轻微体罚不会形成长久的心理创伤，但在亲子关系不良的家庭就要凡事小心，一句不恰当的话都可能会让孩子记仇一辈子。应对错误的一般原则：孩子两岁前，父母不能责罚孩子；2~5 岁，父母对犯错的教育要顺其自然，多鼓励和肯定；5~12 岁，帮助孩子从错误中获益，学习社会规则和承担成长的责任；12~16 岁，对性格外向、心理承受力强一些的孩子，对错误的批评可以引入是非观念，对内向的孩子还要小心。对道德、良知的培养，父母不要心急，用积极的心态去看待孩子，孩子自然会变得善良与懂事。

太像自己父母的孩子长大会有出息吗

小娟的母亲为了让孩子受到好的教育，不顾亲人的反对，不顾年老的父母，放弃情深的丈夫，毅然决然地辞掉工作，跑到北京来生活。她为了小娟很艰苦地奋斗，自己任劳任怨，终于让小娟考上大学。小娟上了大学，拿到奖学金后，便毅然决然地离开了这位母亲。真所谓屋檐水，点点流，有什么样的母亲也会有什么样的女儿。

家族的欲望

每个孩子的成长都有潜在的心理动能，被发展心理学称为成就力。成就力强的孩子大多有三个特征：一是有很强的欲望，二是个性独立，三是很能吃苦耐劳。研究成功学的人发现不少例外的事例，如世世代代的贫困之家突然冒出一个首屈一指的富翁，社会地位低微的家庭养出一位大权在握的当权者，平庸乏味的家里培养出国际型的艺术家，学识平平的家庭教育出了一个知名的大学问家，等等。简单地认为穷困家庭的孩子懂得持之以恒地奋斗是不够的，对这些例外，做家谱分析可以发现这种成就的欲望其实已在家族中延续了许多代，甚至十几代，为此也许还牺牲了几代人的幸福。心理学认识到家族的欲望，像是一种“债务”会代代相传，每个孩子一出生就会面对这些无形压力。

代际压力的传递

心理治疗师在接诊咨客前，大多要仔细思考当事人的名字，想从取名中看出家族对孩子未来的期望，看出家庭的情结。小娟的母亲可能就成长在这种“欠债”的家庭里，她虽经奋斗仍不能成名，是一名饱受灵魂不安的孤独的“长跑者”，而孩子是下一个接力的人。让小娟接受良好的教育比一切都重要，为此母亲可以抛家离夫，离开年老的父母和生长的土地，带孩子不远千里到北京求学。其心不可谓不坚，其志不可谓不明，温情、孝道、关爱不是家族关注的重心，只有克己、努力、奋斗，获取一种高度的成功，才能释放无形压力，慰藉家族的灵魂。我们也发现，许多精英家庭的子女一代不如一代，慢慢地使家族内部压力积攒，多少代后又有一个有志气的子孙顽强地崛起，像是一种流动的循环，每个姓氏都会在时间的长河中此起彼伏。观察这个社会的权力、金钱、文化大儒的新生与消隐，你会发现一种平衡循环原则在调控，没有永恒的富足，也没有永远的贫穷。

所以，我们不能夸耀小娟母亲的忘我，她的牺牲有其深层的意义，同样也会理解小娟对母亲的绝情，母亲的责任已成句号。接下来只有她才能为家族的荣誉在所不惜。经验老到的心理治疗师，能够从家庭的族谱图中找到证据，分析和预见这一代孩子在家系循环中的位置，勾画出孩子在未来的大致前景。那么代际压力是如何传递和如何被孩子感知的？

家庭的塑型力

家庭具有四个方面的塑型力：一是家庭的内部知觉，这是家庭的集体无意识，父辈们说不清道不明，却一直在为此痛苦烦恼。他们可能为一些琐碎的事彼此争吵、抱怨与愤愤不平，这一切却来源于家庭内核的不稳定。观察什么事情能激起他们极大的幸福感和尊严感、什么事情会造成他们的恐慌与混乱、什么事情又是他们不愿言明的禁忌，以此可以透视一斑。事实上，为钱争吵不休的家庭，孩子长大后喜欢对钱有控制力；为婚姻争吵不休的家庭，孩子对情感也敏感；深受慢性病与不健康折磨的家庭，孩子会把健康放在重要的位置；为社会地位和权力大伤脑筋的家庭，孩子对社会的攻击欲就会增强，不是成为精英就是成为叛逆者。家庭内部的知觉与父辈们的内心体验必然导致孩子的主动关注增强，发展的力量便以此为中心积聚。

言传身教

第二个对孩子有雕塑作用的是父母的行为。在尊师重道的家庭，孩子知书识礼；喜欢藏书读书的父母，孩子小时候虽然也会撕书毁书，长大后却会自然地爱书读书，孩子的行为就像是父母行为的延续。要想孩子长大后孝顺自己，那你就要好好孝顺自己的父母，孩子会看在眼里记在心中，顺其自然地以孝义为先。抱怨孩子不爱学习的人，常常也不能在学习中获得快意，学习对他们来说是受罪，孩子也不会把学习当作乐事。

在“文化大革命”后最初的三届高考中，考中的大多是教师、医生、知识分子的子女，原因是他们的父母因为知识获益和生存，孩子对学习也更上心。现在每个孩子都可以获得同等的教育环境，这样的差异不再明显，但潜在的发展力还是不能小觑。父母的行为、生活习惯、兴趣爱好对孩子都有潜移默化的影响，希望孩子成为什么样的人，父母要装作喜欢那一行来予以引导。我们也观察到，打骂孩子、虐待与暴力也是会“遗传”的，父母的行为对幼小孩子有心理印刻作用，在孩子还未有自己的判断和决断之前，内心的认知和情绪模型已基本形成。

皮格马利翁效应

第三个对孩子有雕塑作用的是父母的语言。语言是一种描述，而非家庭内部的感觉，语言中有评价和判断，涉及世界观，但语言总是会激发内心情绪。心理学认同“皮格马利翁效应”——你用什么方式与孩子说话、把孩子描述成什么样，孩子便会慢慢地变成什么样。有些家长喜欢贬低、否定孩子，以为这样做会激发他们的自尊心和奋斗心，殊不知，这样激发出来的自尊是假的自尊，是为了掩藏自卑的自尊，这自尊是做给父母看的。语言上贬低孩子，势必把孩子导向弱势人群，所以，心理学者都建议用积极、正面的语言肯定孩子，为其导航。在家庭治疗的技术中，常常使用夸大孩子的优点、缩小孩子的缺点的方法，为孩子营建一个自己还不错的心理气氛，好的习惯和情绪就会接踵而至。夸奖和批评都可能是一种强化，批评缺点也可能强化或者建构了这些缺点，使孩子完整的自我变得千疮百孔。

我们也观察到，好的老师和好的教育都是建立在积极肯定和奖励之上的，孩子在学校不仅学习知识还能体验学习的快乐，喜欢学习就成了自然的事！

南方的橘子北方的枳

第四个对子有雕塑作用的是环境。环境的问题不是单个家庭能很好解决的，除了家庭的生活环境外，更主要的是社会风气、社会教育状况、社会物质条件、社会治安秩序等。环境的改变必须依靠社会整体的努力，家长可以鼓励孩子对环境进行选择，减少与不良环境的接触。确保孩子的温饱与安静的学习条件，选择秩序严明、教育水平高的学校，鼓励孩子交往有上进心的同学朋友，以及欣赏社会正面文化与精神道德，做到了这些，家长就可以问心无愧了。

培养孩子是一个系统工程

对孩子的培养是一个系统工程，是家庭潜藏的“债务”，压力是无形的，家长们被卷入其中而不能自拔。我们鼓励父母对自我的家庭做深层觉察，画一个家系图来分析家庭的“问题”，有觉察的父母不会把一些不健康的压力传递给孩子，让孩子失去生存的快乐。有些家庭条件优渥的父母不会让孩子从小就过于舒适安乐，而会让孩子保持奋斗、独立的个性。“有其父必有其子”“虎父无犬子”，看起来不错，其实要做到很难。每一代人都有一个在家族发展中的自然位置，都有自己独特的“使命感”，重要的是我们如何化解不利因素，如何利用家族的内部压力让孩子在成长中获益。

第四章

读心术实战技巧

谁和谁坐
——通过位置判断关系格局

谁与谁坐很重要

心理医生开门迎接前来咨询的家庭，非常在意家庭走进诊室的顺序：谁是自动走进来，谁是被动地被拉进来，谁的眼神带有迫切或期盼，谁的眼光里闪烁着犹疑。进门以后，家庭成员怎样坐，谁来安排谁和谁坐，孩子能自己决定座位吗？如果他自己决定怎么坐，他的座位与谁的近、与谁的远，他无意识中面对着谁或者侧背着谁？说话的时候眼睛看谁不看谁？父亲和母亲说话时彼此交流目光还是逃避交流，父母说话时孩子的情绪反应怎样？孩子说话时父母有没有不一样的表情？谁喜欢帮助他、喜欢替他说，谁喜欢纠正他、要他说？等等。从这些观察中，心理医生会获取许许多多有关家庭的信息，这些信息可以描绘出家庭内部的差异、权力等级、情感纠结与交流方式。

瞧这一家子

下午是我预约门诊的时间，房门被轻轻敲响后，从门缝里挤进一个男孩子，十四五岁的年龄，长得很阳光，身材也好，脸上却流露出不情愿的表情。他的母亲紧跟在他的后面，原来是推着他进来的。母亲一面进来一面还向后招着手，过了一会儿，父亲才磨磨蹭蹭地溜了进来。我站起身来向他们打招呼，两个男人都不约而同地回避我的眼光，母亲却很热切地看着我。我对他们说："请你们随便坐！"儿子人高马大的，坐在一把可旋转的靠背椅上，扭过头不看我；母亲赶紧坐在儿子近旁的一把木椅上，身体朝向儿子前倾着，眼睛却一直在打量着我；最后进来的父亲找了一个边上的位置，我看他时不得不扭着脸。我对那位父亲说："请把椅子前移，让我能同时看得到你们全家人。"父亲反应迟钝地把椅子向前挪了挪，算是给了我一点面子。

心理医生的猜测

看他们坐的方式，我们来思考家庭里发生了什么事：看心理医生一定是母亲的主意，孩子可能是被家庭贴标签的问题者，家庭的描述可能是孩子有一个问题，这个问题妨碍了家庭关系与孩子的社会能力。心理医生对问题本身不那么关心，对家庭内父子关系、母子关系与夫妻关系却很在意。从坐的方式来看，心理医生感觉更多的是母亲的问题，感觉到孩子如何利用问题来维持家庭的格局，也可以想到孩子身上的多数问题是指向母亲的，母亲既是问题的系铃人，也是问题的解铃人。父亲的表现是一个旁观者、一个被迫参与治疗的协作者，他一定想置身事外，打着主意不想惹火烧身，所以脸上带有明显的防御表情。父亲一定会有与母亲不一样的认识，从他那儿可以得到家庭自身的资源，问题是如何让他开口。母子间可能存在一种情感联结，父亲与孩子的关系却有些松散，家庭内部可能存在一种关系的僵局——太太会抱怨丈夫，试图利用对孩子的治疗来教化丈夫；丈夫反过来会指责母亲对孩子的娇惯，把愤怒、不满发泄到太太身上；孩子会左右为难，不得不躲在心理障碍的“围城”中。我的策略是先不让母亲说话，不让她“制造”出太多的麻烦，我会鼓励孩子自己来讲述自己的问题，会多给父亲说话的机会，让他气顺一顺，讨好他，把他的心理防御减轻一些，让家庭找到一种合力，在心理医生的引领下尝试和谐地互动与交流。

来看医生是谁的主意

我问孩子：“谁想来看心理医生？”孩子说：“妈妈说我有心理问题！”我说：“爸爸怎么看？”孩子说：“不知道！”我问先生：“太太认为孩子有什么问题？”父亲回答：

“害怕上学，有社交恐惧。”我问先生：“孩子恐惧的时候，你能看出来吗？”先生说：“看不出来！”我又问先生：“你猜你的太太是否能看出来？”先生说：“不知道！”太太插嘴说：“每当他不想上学的时候，我就知道他的恐惧症又犯了。”我问先生：“孩子不想上学，有没有别的解释？”先生说：“老师说他心思不在学习上。”这时候，孩子满脸不屑地说：“医生诊断我是社交恐惧症，吃了半年药也没好，记忆力都给吃坏了。”父亲生气地说：“我不相信那些鬼医生，没事也会给你说出些事！”太太马上抢话说：“吃药还是有效的，至少他能睡着觉了，脾气也没有原来那么大了。”

调整家庭的位置

我接着问先生：“你的太太和孩子坐得很近，离你比较远，你愿意靠太太近一点吗？”先生说：“太太照顾孩子多一些，我照顾得少一些，孩子跟太太亲。”我问孩子：“离妈妈那么近，你是什么感觉？”孩子说：“不舒服，想离开一点！”我对孩子说：“那你可以把你的椅子挪一挪。”我问太太：“孩子为什么想离你远一点？”太太说：“嫌我管得太多！”我笑着说：“这一点，你不如先生聪明。”我看到先生的脸上有了些笑容，于是我让先生坐到太太的位置上去，我问孩子：“现在是什么感觉？”孩子回答：“紧张！”我说：“为什么？”孩子说：“他不喜欢我！”我问先生：“孩子说他在你的面前有些紧张，你怎样做会让孩子不紧张？”先生很茫然。

小小的塑型胜过诸多话语

我说：“你和孩子都站起来。”我让孩子在前面闭上眼，身体向后倾，开始我让父亲从后面搂着他，孩子说很害怕，感觉父亲要摔他！然后我让父亲用两只手扶在孩子的肩上支撑着他，孩子说感觉好一些。接下来，我让孩子完全放松向后依靠着父亲的双手，静静地感觉。过了一会儿，我问孩子：“现在是什么感觉？”孩子突然有些哽咽地说：“从来没有感觉这么好，很温暖！”我又问：“如果让妈妈参与进来，你希望她站在什么地方？”孩子犹豫了一下说：“她应该在爸爸的后面，撑着他！”……

换位思考

家庭的心理治疗就在不停的换位中进行着，由于换了位，先生知道了太太的苦，太太懂得了先生的难。当一家人离开诊室时，太太忽然想起来对我说：“我还没有告诉你孩子的病情呢？”一个月后，在家庭预约复诊的时间，太太来了一个电话，说孩子已经上学了，社交恐惧症大大减轻，父子关系也渐渐地好起来，孩子不像过去那样让她操心，许多事情她也能让孩子自己做决定。家庭内部的关系僵局也由此打开。

塑型犹如心理分析

德国海德堡家庭治疗学派很重视家庭里谁和谁坐得近或远，喜欢通过对家庭变换座位来调整家庭成员彼此的心态，通过塑型来寻找好的关系格局，使一个僵化的家庭构型与情感联结流动起来。在一个良好互动的家庭关系里，孩子的问题会自然地消减，疾病也会不治而愈。西蒙老师把家庭塑型看作对家庭不同的治疗假设，每一种假设可能呈现家庭某一类问题，并把好的解决模式引入家庭。塑型使家庭无意识中从问题取向转变到资源取向，既传递了好的治疗信息，又避免了说教。西蒙说："给家庭成员换位类似于对家庭进行'精神分析'，如果一种位置构型给家庭带来不愉快、带来痛苦，就揭示了家庭的症结，知道症结所在，并逐步改变这种位置，家庭问题便会随之变轻。"一个给家庭带来安全感、温暖和谐的关系塑型，会给家庭一种强烈暗示，让家庭成员看到一个可以共同努力的方向，并修正自己的行为与情感去靠近它。引发家庭自发地进行改变与发展，是心理治疗的精妙之处。

从家谱图中看问题的前因后果

家庭治疗师通常会问自己两个问题："我能为家庭（当事人）做什么？"（什么事能做，什么事不能做）"我如何做才能让家庭（当事人）获益？"回答好这两个问题，家庭治疗师才能找到治疗的内在逻辑。

什么树上结什么果

光有治疗逻辑还不够，家庭治疗师还需要有一种内在"地图"来发现治疗存在哪些可能的路径。获取这样的内在地图——绘制家谱图，是家庭治疗师对家庭进行治疗前要做的事。家谱图必须包含两方面的信息：一是"硬"信息，如家庭中两系三代有多少成员、排序怎样、婚姻状态、生老病死（特别注明有无精神病史、神经疾病史）、过世亲属的死亡原因、成员的年龄、受教育程度、现时的工作、成年未婚者的情感状态等。二是软信息，即家庭成员间的情感关系，谁和谁亲、谁与谁近；当事人小时候由谁看管、与谁亲密、与谁疏远；家庭中的权力等级，谁说了算、谁没有发言权；有无跨代联盟、有无明的或暗的情绪对抗、家庭内信息交流方式、价值系统、欲望与期待；核心成员（父母）对婚姻满足度的评分（0~10 级）等。获得这些信息，家庭治疗师就有了初步的治疗线索，形成一个或几个治疗性假设。带着这些假设，治疗师便可开启他对家庭的治疗历程。

抽动的男孩

有一个叫小歌的男孩，今年 11 岁，学习成绩还算不错，就是上课时特别淘气，有许多小动作，如清嗓子、抽鼻涕、扮鬼脸等。同学们都不愿与他靠近，老师拿他没辙，学校也拿他没辙。学校建议家庭给孩子找医生，许多儿科医生都诊断他是抽动障碍。医生看了，药已吃了，但小歌还是上课坐不稳。小歌的父母决定带他看看心理医生，心理医生却建议他们去找家庭治疗师，于是他们找到了我。在我的诊室里，小歌像是一个有些腼腆的孩子，母亲对我说："你别相信他，他是有点认生，再熟一点，你便会识得他庐山真面目。"父亲说："小歌在家里爱跟妈妈折腾，在学校里欺负脾气好的女老师，但对厉害的男老师他的怪动作就很少。"我说："据你们观察，小歌有没有很安静的时候？"父亲开玩笑地说："只有睡着的时候算是安静的。"母亲说："看动画片或小人书、和邻居小孩玩跳棋的时候也不错。”同来的姥姥说：“这孩子精力太旺盛，跟妈妈在一起要淘一点，活蹦乱跳时怪动作少，跟父亲在一起不敢淘气，却爱眨眼睛，嗓子也‘咕咕’响。”

家谱图

我询问了父母两系三代的情况，绘制了以下家谱图。

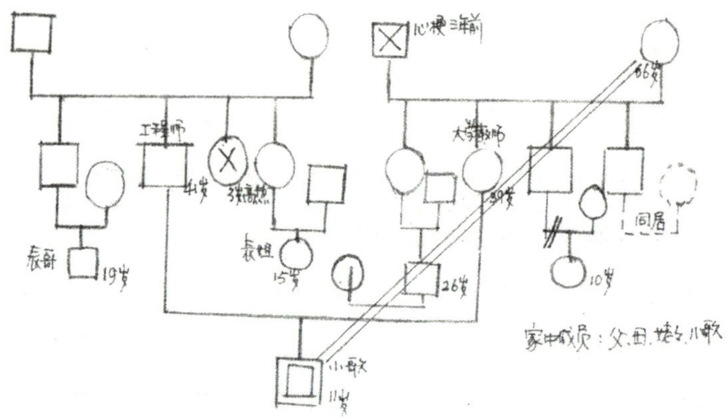

注：方块表示男性；圆表示女性；× 表示去世；// 表示离婚；双线表示亲密；虚线表示关系待定。

内在信息

从图中可以看出，除了父母，还有 5 个有血缘关系的长辈、4 个表亲可以提供对照。我问父母：“你们 11 岁时，有没有老师认为你们坐不稳？”回答是否定的。我又问：

"你们俩的家族中，是否有过淘气的人？"父亲说："我大哥的孩子小时候也比较淘，跟人打架，转过两次学，上大学（18 岁）以后才变得稳重起来。"母亲说："我的幺弟从小不好管，父母很娇惯他，我们做姐姐的也不敢说，至今游手好闲，32 岁也不结婚。大姐生活在外地，她的孩子（26 岁）比较懂事，现在已经大学毕业，娶了媳妇。三弟的女儿（10 岁）要差一些，有癫痫症，学习很困难。"随行来的姥姥插嘴说："其实，老幺小时候闯的祸还没有老三大，老三像他爹，脾气大，一根筋地认死理，得罪人不少，长年累月总有人来家告状。"我问父亲："小妹的女儿怎样？"回答说："很乖，学习很好，当班长，我经常要小歌拿表姐当榜样呢。"小歌抢话说："我可比表妹强，表妹常常考试不及格！"母亲瞥了他一眼，说："表妹那是有病！"小歌说："我也在吃药！"我们都展颜一笑。我说，如果梁山英雄排座次的话，在你们看来小歌比表哥表姐差，比幺舅、表妹好。

猜谜游戏

我让大家来猜一猜小歌长大后会像家族中的谁？父亲说："我希望他像他的表哥，小时候该淘的时候淘一淘，上中学以后就开窍。"母亲说："最怕像他的小舅，过了 30 岁还让母亲、姐姐为他操心。"我问姥姥，姥姥说："我瞧着小歌没啥事，谁家男孩子小时候不像那孙猴子，上蹿下跳、七搓八痒的，大了就收敛了。”我笑着对大家说：“如果要让小歌变得沉稳些，你们说至少要等多少年？”父亲立即回答说：“5年吧！5年后的小歌是男子汉。”母亲迟疑地说：“我希望您能帮助他尽早摆脱困扰。”我对母亲说：“请不要考虑医生的因素，再好的医生也不能把小歌16岁才办得到的事，现在就办到。”妈妈有些犹疑地说：“也许3年，我们的小歌就能成为坐得住的小歌。”我问小歌，小歌说：“医生叔叔，我现在不是坐得很好吗！”……谈话在其他方面继续进行，时间也在考验小歌坐的耐性，在整个面询过程中，小歌的小动作，如清嗓子、抽鼻涕、扮鬼脸几乎没有出现。

消除悖论情景

结束的时候，我对家庭成员们说：“我们应该给小歌5年的时间去发展他的自我控制力，每个孩子的神经稳定性和心理能力可能不一样，小歌有小歌的特点，这种特点在生物学意义上并不一定是弱点，但在社会学、医学规则下却可能被视为一种缺陷。好在你们的家族成员里，小时候有类似多动行为的很多，大多能平安地度过，我猜小歌也会给你们一个肯定的答案。”家庭治疗师根据家谱图提供的线索去解释小歌的行为症状，目的是要给家庭一种暗示：

“小歌的问题只是成长中的问题，对小歌的治疗与期待要循序渐进，不能急功近利。”很多心理困扰都易于陷入一种悖论情景：越想解决问题越是陷入麻烦，解决问题的行为构成问题本身。利用家谱图资料软化疾病概念是家庭治疗师常用的技巧。

不要重复别人的治疗

家庭治疗师不仅要关注家庭的问题是什么，还要关注家庭与问题共存的模式。当我们着手解决一个困扰家庭很久的问题时，首先需要知道家庭做过哪些尝试、谁决定解决问题的方式、维持了多久、效果如何，尤其要清楚家庭曾经有过的就诊经历，找过什么样的医生、做了什么样的治疗、有过什么样的变化；了解家庭在哪些方面满意、哪些方面不满意，现在为什么要换治疗师，希望新的治疗师做什么。许多家庭治疗师存在一些非理性要求，以为看过家庭治疗师后问题立马应有改善。其实家庭治疗师只能给家庭提供一些新的视角、对问题的分析、引导家庭新的互动模式，能否改变还得看每个家庭的家庭成员。同样，许多家庭治疗师也会过于乐观、心存幻想，以为自己会比家庭以前找过的治疗师好，能给家庭更好的指导。其实，某一类心理治疗方法已经证明对家庭的问题无效，你重复千遍的结果可能还是无效，不管你是张三还是李四。

忧心忡忡的母亲

去年 4 月，我接待了一个治疗师 A 转诊过来的家庭。A 在转诊记录上说：“这是一个有些混乱的家庭，内部缺乏一种合作，彼此总是拆台。孩子的强迫症状可能是维持家庭延续的一种代偿机制，但父母亲不能或不愿觉察自己，也不愿意探索彼此的关系，家庭治疗不能深入……”我相信 A 的判断和能力，我仔细阅读转来的家谱图，发现父亲是一个很孤傲的人，与自己所有的亲属关系恶劣，母亲从小却是一个有些受宠、娇气的幺女，与自己的父母哥姐关系亲密。母亲坚持要在我见孩子之前先和我面谈，于是我接待了她。这是一位近 40 岁的中年女性，有文化，经济状况良好。她忧心忡忡地对我说：“我的孩子已经被几家医院的精神科专家诊断为强迫症，住过医院，吃了近一年的抗抑郁和抗焦虑的药。他现在的问题仍然是慢、磨蹭，重复做一些很细小的事，臭规矩特别多，我和他父亲在家里没有自由，必须由着他，否则他就发脾气、砸家具，很吓人。”

了解治疗的背景

我问：“孩子自己想来吗？”母亲含混地说：“他很着急，我知道他内心很痛苦，但他没有自我控制的能力，医生，你一定得好好帮帮我们，帮帮孩子。”我接着问：“在接受治疗师 A 的治疗之前，你们还找过什么样的医生？”母亲说：“开始是儿科医生，然后是精神科医生，吃药效果不好才开始找心理医生。先是做行为学习和焦虑控制，后来还做过分析治疗、认知治疗、家庭治疗……”“你的孩子对哪种医生反馈较好？”我问。母亲回答：“医生的话他都爱听，接受也快，但就是做不到。被戴了一个强迫症的帽子后他心里烦，学习成绩变得很糟糕，与老师和同学的关系也比以前差了，没有人愿意和他做朋友。”我问母亲：“如此多的方法对他都没有用，我还能做什么？”母亲急切地说：“我们是慕名而来，请您务必帮帮我的孩子！”听了这样的话，我是高兴不起来的，因为许多同行都做过努力和尝试，留给自己可选择的治疗空间已经非常小。

见惯不惊的小凯

尽管我已有心理准备，但见到那个叫小凯的 15 岁男孩时，我的心依然在下沉。他和父亲走进我的诊室，孩子表情木然，似乎见多不怪，天下已经没有再能让他有新奇感的医生了。父亲缩在一个角落里，离孩子很远，给人一种事不关己高高挂起的感觉，而母亲似乎穿梭在两个男人之间。我笑着对父亲说：“您坐得最远，就由您先说！”父亲一愣，然后有些迟疑地说：“我能说什么，孩子的病是越看越重、越重越看，看来再没好日子过了。”母亲立即插嘴：

“其实改善还是有的，只是不明显。”然后她讨好地说：“小凯，李医生和过去的医生不一样，把你的问题对医生说一说。”小凯迟钝地说：“我总是反复想一个念头、做一件事，浪费许多的时间。做作业很慢，心里很着急，就是快不起来，每天都完不成家庭作业，12 点还上不了床，也睡不好觉！母亲喜欢催我，她一催我我就急，我一急，父亲就来干涉，他们俩就争吵，他们一吵，我的心就更烦，重复的动作就更多……”我问他：“你怎么看待你的慢？”小凯说：“医生说是我大脑里神经生化递质紊乱，缺乏一些活性物质，我要靠吃药来维持脑功能。”

小凯继续说：“治疗师 A 认为我在用症状控制父母，帮助解决家庭冲突，我觉得这不可能，我自己都顾不上，哪还能想着他们。在治疗师 A 之前有位医生给我做过分析，认为我小时候没有得到很好的照料，被管束太多，缺乏对他人的信赖，安全感也差。那是父母忙于工作把我寄托在别人家里造成的，现在想变也难……”话匣子打开，小凯把一腔痛苦、烦恼、期待都倾诉出来，我却有了以下推想：小凯在利用心理医生逃避成长的责任，把问题一股脑地推给家人。我怎样才能给他一个新感觉？怎么让他的思维方式、情感、观念从疾病固有的模式中走出来？首先我认同医生们做过的尝试，为了不重复，我要故意忽视小凯的强迫症状，不把它看成是需要解决的问题。如果过多关注孩子的行为，等于无意识地接纳了小凯思维中隐含的逻辑——他是不正常的。不正常的强迫症状虽然是治疗的前提，但它好比是前进路上的一块大石头，既然搬不动它，我就得绕着走。

对问题的提问

重复的治疗也有一种强迫意味，我必须做一些让家庭意想不到的事来破坏这种重复的循环。我问小凯："你的这些症状从什么时候开始陪伴你的？"小凯说："5 年以前。""那个时候你认为自己有病吗？""只有些奇怪，感觉与别人不同。"我问大家："小凯过去用多少时间想自己的病，现在用多少时间？"父亲说："我看他整天都在和病纠缠！"母亲说："放假的时候要好一些，作业多、学习压力大的时候，他的症状就明显。"小凯回答得最贴切："过去我只是偶尔对自己的慢、重复动作反感，但学习压力不重，也不觉得如何。现在到了高中，明显觉得自己要不改变就会跟不上，所以天天都很急！"我转过来对父亲说："您先前的话给了我一个启发，最好的治疗也许就是保持它！小凯最大的问题是有一种思维模式，总想把一件事做得更好，让他学会接受可以把一件事做得糟一点、让自己犯一些错误、破坏一些规则，可能对他更重要！"

反向的扰动

我对小凯说:“我建议你不要再试图改变你的症状，还要努力保留它，故意让自己慢点。那是你的个性特点，它让你与众不同，你是一个追求完美的人，你应以此为傲……”孩子的父母有些惊讶，更确切地说是愤怒，但努力克制着。我对父母说:“你们要提醒孩子保留他的症状，那是完美主义者的标志，你们甚至可以学习小凯的行为方式，让整个家庭呈现出秩序、整洁和条理……”我看得出，父母的眼睛里透出完全的不信任，奇怪的是小凯的眼睛却在放光。我对他们强调说:“给我一个月的时间，在这个时间里，任何人不能把小凯当作病人，也决不能再提‘治疗’‘药物’‘强迫’之类的词语。当小凯忘了认真与仔细，变得马虎时父母要提醒他保持严谨……”

把改变的责任交给家庭

不管家庭如何想如何做，治疗师毕竟做了新的尝试:通过反常的扰动来破坏症状建构起来的循环。许多时候，家庭感觉不能再依靠心理医生时，反倒会采取更加合理的方法，纠结的矛盾反倒会逐步松解。没有想到，放弃所有对治疗的欲望，小凯的症状也失去了动力，他变得不那么强迫了，虽然还是有些重复，还是有些慢，但焦虑症状却消失得无影无踪。几个月后，小凯非要来见我，我见到他的脸上有了笑容，因为他发现他的问题并没有想象的那么糟，没有医生陪伴的日子，阳光依然灿烂。努力不要与其他医生的治疗重复，往往能收到好的效果。

避免被家庭问题催眠

南辕北辙的治疗

家庭治疗师的确需要比家庭更有耐心，更能接受问题的存在。问题往往具有催眠作用，无论对家庭还是对家庭治疗师来说，当你以为你所做的一切都是为了消除问题的时候，其实，你已经深陷其中而不自知。心理治疗是一个复杂系统，并不像有些书籍上说的那么轻松、简单。很多治疗效果的产生往往是一些无心之作，你深思熟虑想得到的，却如梦里寻她千百度，蓦然回首，那人却在灯火阑珊处。

患厌食症的小女孩

小惠坐在我面前的时候，我的心一下变得很沉重，她是那么虚弱、纤细，脸色苍白得像一张纸，眼睛显得很大，但写满了忧郁，消瘦的脸使鼻子显得很尖。16 岁的花季少女，一米六的个子，体重才 70 斤，一阵柔风似乎都能把她吹倒。不用说，这是一个有进食障碍的女孩。小惠的妈妈是一个典型的知识女性，举止优雅，穿着得体。父亲看起来像是一个成功人士，有明显的身份感，他略有些焦急地对我说：“小惠神经性厌食已经两年了，服用抗抑郁的药已经一年半，现在双倍服药已经三个月，但仍不能好好吃饭。每顿饭要么不吃，要么就暴食，然后呕吐，周而复始，身体一天天地消瘦，打也不是，骂也不是，横竖都不行，我们真拿她没办法了。”母亲插嘴说：“内科医生说她电解质紊乱，血糖低，免疫力低下，便给她输了两周的液，学习是完全不行了，只能休学在家。”我问小惠是否有停经的情况，小惠点点头，母亲说：“快半年没来了。”我拿起小惠的手，感觉到她皮下的脂肪层很薄，基本上要算是皮包骨了。我问她：“什么时候开始决定节食的？”小惠努力地笑了一笑说：“不是我不想吃，是我控制不住地要多吃，吃了以后控制不住地想吐，为了不吐，我就宁可不吃，饿极了才吃！”

病因的寻找

让小惠正常进食自然成了家庭与治疗师共同的目的。接下来的几次见面，我和她的家人苦心寻找和分析小惠厌食的原因。妈妈说：“小惠初三的时候，体重有九十多斤，人很健康活泼，学习也是班上的前几名。后来，开始同班上的几个女生一起节食减肥，每吃一口东西都要计算热卡。这是一种抑郁性障碍，小惠是得了抑郁症，我们要把她的抑郁治好！”在我的观察中，父母在诊室里彼此接纳互动良好，小惠总是一个人坐一边让父母坐在一起。家庭的亲密感、信息交流都很好，对问题的态度家庭内的看法也一致。我试图让小惠坐到父母中间去，但小惠不愿意，我以为是家庭内部的关系等级使孩子有独立的意愿。于是我决定对小惠做个别治疗。

被催眠了的治疗师

在几次面询中，我做了许多分析尝试，首先了解小惠潜意识中对女性角色的态度，希望找到青少年的自我认同危机；接着分析小惠对权威（父母亲）的愤怒、对关系的不满（人际与家庭的）；再分析她的个人主义与献身精神间的意识冲突，分析超越与沉沦、禁欲与贪婪、渴望与放弃之间的矛盾；然后再探索她早年生活中有无可能引发创伤经历的事件，性游戏、对成熟对情欲的恐惧等；再然后，我分析小惠的进食模式，制定行为规则，希望打乱或扰动她的内部规律，如让她去一个找不到呕吐场所的地方进食，或者要求她放弃正常的三餐，而改为每次量很少的五餐……。最后，我发现我已经是江郎才尽，精疲力竭，小惠是努力配合但不够积极，似乎一切都是被动地为心理医生服务。进食问题并不见好，小惠的体重还下降了半斤，我真正陷入一种治疗的困境。于是，我邀请了北京大学心理专业博士生小易和我分析案例，一起来面对这个家庭。在治疗中，小易突然说：“李医生，你太关注小惠的进食问题，忘掉了家庭其实已经有了很大的不同，你被症状催眠了。”这时的小惠很自然地坐在父母亲中间，而且他们彼此手握着手。

家庭为医生解困

原来，小惠不愿坐到父母中间是对父母的一种无意识的拒绝，而非独立的欲望。现在，三个人其乐融融，家庭一定在不知不觉中发生了什么。我单独约见了小惠的母亲，希望她能解我困惑。小惠母亲告诉我：“两年前，她和先生有一次婚姻危机，原因是先生和一个女士来往过密，而我又比较敏感多疑，从那以后，我们彼此之间一直耿耿于怀，感情隔阂很大。小惠刚开始恨父亲，怨他不关心我，之后又恨我，怨我不原谅父亲，再之后，小惠开始节食……”小惠母亲抱歉地一笑说：“我们没有告诉你，是我们以为这与小惠厌食没有关系，我们又好面子，羞于提起家庭内部的一些隐私。只是在和你的接触中，我慢慢意识到，小惠摇摆在厌食和贪食之间好似她对父母又爱又恨的冲突情感，我们觉得家庭团结是最重要的，我和先生已重归于好。”

无心开花

我的确是被问题催眠了，思维和意识都显得狭窄，家庭中很多明显的信息都被忽略了。我对小惠的治疗更像是一厢情愿，扮演了家庭的第三者，虽然是胡乱的搅和，却让家庭自己找到了面对困境的良方。我想起我的德国老师西蒙的一句话：“治疗师必须脚踏两只船，一只脚在家庭系统内，一只脚在系统外，不然，很容易被问题催眠。”我因为太在意小惠的进食而失去了治疗师对家庭应有的敏感。果然，两周以后小惠告诉我，她不再呕吐了，尽管吃得还比较少，体重增加很慢，但精力已大有改善，她已经回学校上学了。

心理医生的法宝
——提问

旁观者清

治疗师对家庭扰动常常利用家庭内部的信息，在很多情况下，来自家庭内部的信息比治疗师的观点更有震撼力。德国老师宫特·史密斯讲了一个自己的故事：在他 18 岁的时候，他与父亲产生了很大的争执，他们一见面，总是意见不合，整天吵呀吵，谁也说服不了谁。整个家庭在两个男人的对立中变得很不安宁，大家总揪着心，小心翼翼地回避一些可能发生争论的话题。终于有一天，他们决定去看心理医生。心理医生问宫特的妹妹们："你们认为哥哥和父亲之间有什么不对劲？"聪明的大妹妹说："他们争论什么并不重要，重要的是他们都渴望对方能有一种接纳的姿态。"小妹妹回答得更惊人："他们是因为相爱太深，才变得焦虑和彼此不能容忍。"宫特与父亲被妹妹们的话惊呆了，原来他们争论来争论去在家人眼里不过是一种父子间的关系诉求，过去发生的一切变得那么荒唐可笑。从那以后，宫特与父亲学会了倾听，继而相敬相爱，彼此之间再也没有争吵。也正是这件事，促使宫特·史密斯在大学选修了心理学，并成为德国个人开业的心理医生。

循环提问

通过提问家庭中的第三者来描述家庭内的一种关系，以此改变关系本身固着的一种色彩，正是系统式家庭治疗中经常采用的治疗技术。常用的方法如下。问母亲："你怎样看儿子与父亲的关系？"或对儿子说："你猜母亲会怎样来看你和父亲的关系？"当然，也可以变个样子说："孩子，如果你给父母的关系打一个分，你会打几分？"当这样的问题提出来，被问者会从旁观者角度去描述另外两人的关系，被描述者由此得到一个不同于他们内心的解释。在三人的家庭里，许多的两人争论都可能潜在指向第三人，这个人对争论的态度决定争论的意义。第三人对关系的描述会存在差异，差异常常包含极多的信息，这些信息干扰他们对关系的固守态度，帮助家庭的纠结自然松解。发生这一切并不需要治疗师绞尽脑汁的设计，只需要因势利导信手拈来，一个问题绕着圈让三个人问答，以此制造观点的差异，利用差异来扰动关系，这样的提问方式叫作循环提问。

爱发脾气的小建

春节前夕，我的门诊来了一个三口之家。当这个家庭走进诊室坐下来，我的感觉是他们还算是和睦的家庭，儿子和父母之间有许多非语言的交流和亲密接触。这时母亲笑着说："我们不知道是否找对了庙门，只是大家都觉得想来见见家庭治疗师。"我立即幽默地回答："现在你们已经见到了，心愿已了，是否可以打道回府？"孩子小建赶紧插嘴："叔叔，我最近状态不好，老爱发脾气，是我想来看的。"我问："喜欢对谁发脾气？"小建犹疑地说："对父亲多一些。"我看着父亲，父亲接口说："其实，孩子都 16 岁了，发发脾气不碍事……"母亲抢着打断："我不允许小建对父亲不礼貌。"小建又说："我知道不应该对父母发脾气，但就是控制不住。"经过一番交谈，我知道小建的父亲是一个成功的企业家，学识很高，看起来比母亲要大十来岁，母亲是一位医务工作者，小建是艺术附中高二学生，学油画，留着一头飘逸的长发，很有书生气。

家庭的故事

母亲说："小建过去一直是乖孩子，很听父母的话，最近却总和父亲过不去，性格变得很急躁，动不动就说父亲不关心他，不愿意理解他。"小建开始有些局促不安，父亲的脸色已开始暗淡下来。母亲接着埋怨小建对父亲不尊重，埋怨他不体恤父亲在外的奔波劳累……，父亲打断母亲说：“期末小建专业考试不理想，回家后情绪不好，有些脾气是可以理解的，我会退避三舍，努力不与他争执。”小建说：“我有双重性格，我很爱父母亲，就是表达不出来，一有事就急，管也管不住自己。”原来三个人彼此相爱，但日子过得憋气，三个人心里都不舒服，觉得不对劲，小建埋怨自己却又无能为力。眼看年关将至，总不至于这样就把年过了，于是，大家一拍即合来找家庭治疗师。

进一步询问，知道小建的父亲并不是他亲生父亲，母亲在小建 3 岁时离婚，5 岁时带她嫁给现在的父亲。父亲对小建一直视为己出，无微不至地关怀照顾，小建也从不与父亲生分，小时候和父亲好、黏父亲、崇拜父亲，认为他是真正的男子汉。父亲自知不是亲生，对小建就格外宽让，有事总是随着他，满足他的各种需求，由此而来三个人保持着一种高度的亲密。亲密的前提是容忍差异或放弃差异，对小建的教育，父亲与小建的母亲是有差别的，但他压抑自己，努力让家庭维持一种内部平稳。小建在青春后期出现逆反心理，父亲的内心就很受伤，他自认为自己已经做得很不错，但仍会遭受指责，对小建的母亲就有些抱怨。母亲看在眼里急在心里，找机会指责小建，小建反过来以为是父亲告诬状，心里更不得劲。这样，家庭里就出现一种循环冲突，谁都被卷入，谁都难以幸免。小建的母亲身不由己地插入父子之间，本意是调整父子关系，结果却拉大了父子间的距离。

禁忌限制了交流

青春后期的男孩开始对心目中的权威有一种“攻击性”欲望是非常自然的事。在这样的家庭里，小建向父亲的权力发起挑战本身是成长的一种心理需要，但却存在着一种困境，很容易被误认为是小建在情感上排斥不是亲生的父亲。“他不是小建的亲生父亲”这样的念头一直是家庭禁忌，这个禁忌限制了家庭的交流，越想回避这个事实，越会加重彼此间的隔阂与焦虑。这样一来家庭被困住了，小建逆反期的心理动力本意是指向成长与独立，结果却被禁忌放大了破坏力。我怎样能让家庭意识到这里面的循环冲突？怎么让他们意识到他们之间需要更多的坦诚与开放交流？父母有很好的教育背景，我能通过心理教育的方式改变家庭的认知系统吗？显然，我需要更巧妙的方法。

假设性提问打开谜团

我问小建：“如果有一个外星人来到你们屋外，他不懂地球人类的语言，却透过玻璃窗观察了你们一年，他会怎么判断你与父亲的关系？”小建想了想说：“可能会认为是两个雄性生物在争夺对雌性生物的控制权。”我立即给予赞同，接着问：“你猜你的母亲如何看你与父亲的关系？”小建着急地说：“母亲以为我不爱父亲，其实她错了，我的内心是非常崇拜父亲的，我只是不愿意他仍然把我看成孩子，事事总是让着我，我觉得这是看不起我！我希望他对我有要求……”我发现母亲与父亲有些发愣，也有些感伤。我再问小建：“你猜在父亲的眼里，你与母亲的关系是怎样的呢？”小建的眼圈有些红，说：“父亲可能认为他不是我的亲生父亲，所以总想多留出空间给我与母亲相处，把我和母亲的关系看得比与他的关系重一些，其实，我更愿意跟父亲多接触一些。”父亲坦诚地说：“小建是对的，我确实有些多心了。”我笑着看母亲：“假如我让小建给你们夫妻关系做一个评分，你认为他会给出几分？”母亲想了想说：“7分吧！”父亲说：“我看起码也有8分。”小建笑着说：“10分！我给你们打10分。”三个人都开心地笑起来。小建为什么要给父母打10分，是需要分析的，但这已不是这次面询要解决的问题。我相信，离小建摆脱逆反心理的日子已经不远了。

咨询中的技术
——假设

积极赋义

家庭治疗中的假设性提问常常问家庭一些并不存在的东西或一些指向未来的问题。这些问题可能引导家庭去发现家庭内部隐藏着的有益信息，让家庭看到不一样的“现实”。当治疗师想改变家长对孩子“疾病”的固有观念时，会问：“有没有例外的情况？在哪些情形下，有病的孩子会表现得没有病？”（而不问在什么情形下，孩子会出问题），还会问父母：“如何来解释这些例外？”如若治疗师想了解父母对孩子变好有无心理准备，可以进行这样的假设性提问：“如果发生一个奇迹，孩子的‘心理疾病’一下好了、不存在了，你们怎样能看出来？”

北京集训时，德国老师宫特·史密斯对一个口吃孩子的家庭做治疗演示，那是十月的一个晚上，秋风乍起，演示大厅里坐了近300个大学学生、心理工作人员和中外专家，全场鸦雀无声。那 16 岁的孩子异常艰难地吐着那些不成句的单音，顽强地表达着他想表达的话语，她的母亲多次想帮助他表达完整，都被宫特·史密斯制止。我们的心都揪得很紧，屏住呼吸，似乎在为那孩子攒劲。心理治疗在简洁与重复、舒缓与紧张、快速与冗长交替中艰难地进行着。事后，宫特老师幽默地对我们说：“口吃有很强的催眠作用，我感觉被那孩子控制了。”西蒙教授更加搞笑地补充：“用积极的方式看，口吃是用最少的语言表达最多的信息。”我们被逗乐了，沉重的心情一下轻松起来。

口吃的孩子

我现在正面对一个 14 岁的口吃孩子，我的表情是僵化的，心揪得很紧，我努力想宫特老师和西蒙教授的话，但我的心似乎并没有真正地放松。孩子正在艰难地、非常执拗地用重复与停顿的语句表达着他渴望治疗的意愿。在母亲的帮助下，我知道了孩子的口吃是在 6 岁时开始的，刚开始的时候只是觉得孩子不太爱说话了，尤其不说长句子。后来上了学，才发现他在表达方面确实存在障碍。我逐渐把注意力放在他的父母身上，他的母亲是小学教师，人显老，面容很憔悴，坐在孩子的侧后方，不时地用手碰触孩子的前臂，仿佛是在鼓励孩子坚持。但我发现，孩子说话时不停地看父亲，孩子的父亲却权威而庄严地坐着，不愿流露出一丝丝情绪。

内在的信息

孩子的父亲是一个政府官员，我原以为他的矜持与他的身份感有关，后来我渐渐地觉得孩子的结巴中有一种潜在的矛盾信息，一些只有他的父亲能读懂的东西。孩子对父亲的关爱有一种渴求，同时又明显地对父亲有拒绝，为什么会这样？我观察到母亲同样有一种复杂的情绪——有一些坚定，甚至有几分的热烈，还有一些沮丧。原来，这是一个离异家庭，8 年前丈夫与妻子分道扬镳。由于孩子的病，离异的父母不得不经常待在一起，让外人看起来他们仍旧是一家子。我有了第一个治疗性假设。我对父母说："你们真了不起，离婚 8 年，仍能彼此关心。"父亲的脸上有一点释然的笑，我紧接着对他说："如果孩子的病一下好了，你还愿意经常回家吗？"父亲迟疑地点点头，然后又摇摇头。母亲有点神经质地说："他回来也帮不上太大的忙，孩子见了他，口吃更厉害。"

家庭的阻抗

我问父母如何看待口吃，希望能从中找到一些差异，但家庭非常地"团结一致"，他们都坚信孩子的口吃是一种构音障碍、是一种疾病，与父母之间的情感无关，只要医生水平够高，孩子的口吃就能被治好。对疾病的概念决定着家庭应答的模式，好的概念系统建构好的家庭模式，问题会变小；不好的概念系统，建构糟糕的模式，问题会加重。我用改译的方式说："我感觉孩子的口吃好像是对父母的一种不满。"父母立即变得警惕和防御，孩子也因为父母的情绪变得焦躁，他大声但却顺利地说出"不对"两个字。在家庭治疗中，家庭治疗师会创造一些说法，来观察家庭的反应，从中找到家庭无意识隐藏的症结。

如果存在奇迹?

在治疗陷入僵局的时候，我做了一个提问，我对孩子说："如果存在一个奇迹让你的口吃一下就好了，你猜会是一种什么样的奇迹？"孩子想了想，结结巴巴地说："除——除非，时——光——光——倒流，回——回——到——6 岁——前。"6 岁前这个家是完整的，6 岁以后，孩子失去了父亲。这时我们听见母亲有一声压低的叹息，家庭的"坚冰"有些破裂了，这下有了两个阵营，一边是母亲与孩子，一边是孤独地承担着罪责的父亲。事实上，孩子一直深深地敬仰和爱着父亲，但他的意识压抑这种情绪，而母亲依然还生活在一种尊严和矜持中，外表过分要强，内心却十分脆弱。孩子的口吃有极好的家庭功能性，它既可以满足母亲继续把一种精神力量通过儿子灌注给她的前夫，从而表达一种无形的情感羁绊（没完没了）和道德谴责（谁是谁非），又可以让孩子逃避一种矛盾情景，由于口吃，他无法攻击父亲，也无法放弃父亲。

乘胜追击

我继续做假设："如果有一天，你的口吃突然好了，但你不想告诉父母，他们能看出来吗？"孩子笑了，说："看——不——出！"我接着问："如果有一天，你的口吃突然好了，但你已经习惯口吃了，不那么想好，或者你发现口吃并不坏，反倒有些好处，如可以让父亲天天回家看你，你如何让口吃留下来？"这可是一个奇怪的问题，孩子停顿良久，突然口齿很清楚地回答："那就装呗！"我继续："假如你需要有人帮助你把口吃保留下来，或者让口吃变得更糟，谁能帮助你？"孩子嘲弄我说："医生！"我再问："如果你能决定，你想把口吃保留多久，你打算让它陪你到多少岁？"孩子用手向我比画了"18 岁"。"为什么？"孩子回答："能养——活自己！"我看到母亲似乎被击倒了，她的眼中第一次有了痛苦。我让家庭明白，也许母亲潜意识中更需要孩子口吃。我不想停止："假如你已经好了，但仍需要让父母看到你有口吃，而且你已这样做了。我是你的医生，那么我如何发现你的口吃是真实的还是装出来的？"孩子像回答脑筋急转弯："他们不在的时候——我就不口吃！"我转头对父母说："孩子一个人在家时，是不是一点都不口吃？”母亲点点头，并拿出一盘录音带，说：“你听听，他自己朗诵的课文。”我打开录音机，那里流淌出一个孩子年轻、自信的声音，我看着孩子，对他眨眨眼，孩子的脸上有一种茅塞顿开的表情。

后来的故事

孩子以后成了我的常客，每两周都要来看我。他的口吃日见好转，他的父亲已经不常回家了，母亲也少了那些表面的矜持，对人的态度和缓且宽容，并且有了一个亲密男友。半年以后，我告诉他：“其实，你并不是真正的口吃，而是一种口吃恐惧，是社交恐惧的一种。我对你的治疗是帮助你获得与人交往的自信和愉悦感，转移你对说话本身的关注。”孩子幽默地说：“我知道你在拿我的口吃说事。”与此同时，他回头看看同来的母亲，我们都笑了。

孩子的问题可能是父母问题的再现

古人的故事

有个民间故事说，诗人苏东坡在年轻时比较恃才傲物，常常目中无人。有一天，他听人说城边庙里有个方丈智慧了得，心里不服。于是突发奇想，找上门去要幽他一默。那方丈长得宽头大耳、体圆腰壮，两人略事寒暄，苏东坡说："方丈，你猜我眼中看到什么？"方丈说："未知。"东坡笑曰："一猪。"方丈微微一愣，随即笑问："你知道我见到什么？"东坡答曰："未知。"方丈说："一圣人。"东坡离开寺庙后，很是高兴，觉得自己比方丈聪明好多，忍不住把这快乐同苏小妹分享。哪知苏小妹听后忍俊不禁，她说："哥，是你被方丈捉弄了！禅说，心中有什么眼中就看到什么。你看起来儒雅风流，内心却愚钝如猪，方丈外表俗流，内心却是圣贤。"东坡一听，顿觉汗颜，从此谦虚谨慎，终成圣者名师。

心理投射作用

心理学常常注意到这样的情景，一些心理医生本身没解决好的问题，很容易在当事人身上找到。一个有恋父或恋母情结的医生，很容易发现当事人心中有类似的问题。在家庭治疗过程中同样可以看到，孩子出现的问题恰好是父母亲在幼年时未曾解决好的问题，由于这些问题一直困扰着他们，他们的视觉被放大，对孩子的相似问题极其敏感，失去了冷静客观的态度，结果一定是把问题搞得更糟。

魔鬼般的小男孩

小刚这个10岁的男孩，在父母的眼里真可叫作“十恶不赦”，他逃学，有时整夜不归，撒谎，欺负女生和低年级的学生，偷拿同学的学习用具，弄坏教室门窗，在黑板上写骂人的话，打架，甚至书包里还装着一把菜刀，见谁不顺眼就想灭谁。学校已经换了几次，老师仍旧不断地请家长，小刚也不断地挨打，这不，他又闯祸了，把学校实验室养的小白兔给掐死了，引起了公愤，老师同学一致要求开除他。没辙，他的父母找到我，希望给孩子一个有病的诊断，让他逃过一劫。我为难地对小刚的父母说：“我能给小刚贴一个什么标签呢？他才10岁。”父亲特别强调说：“这孩子一定不正常，正常的孩子相同的错误只犯一次，他屡教不改！”

回忆自己

我问父亲："你在10岁的时候最怕什么？"父亲说："我怕挨打。那时有几个很坏的同学，家里很穷，专门欺压同学来寻求平衡。我特别害怕惹他们，老躲闪，但还是逃不过受欺负。有一次，我穿新衣服上学，他们瞧我不顺眼，放学时不让我回家，直到把我的衣服扯开了缝，才算完事。小刚就像我小时班上的坏同学。"我开玩笑地说："过去是你爸受欺负，现在你为你爹找平衡！"小刚咧嘴笑了。我问母亲："你10岁时又怕什么？"母亲想了想，回答："我的家庭教育很严，不准拿别人的东西、不准撒谎，谁要敢犯这样的错误，父母就会不再要他。我特别恐惧犯错，有件事情对我影响很大，放假时我在父亲的办公室里写作业，看到办公室里的旧画报扔在地上和垃圾箱里，于是挑了几页我特别喜欢的拿来包我的书，被父亲知道后我挨了一顿揍，那是我一生唯一一次被父亲体罚。事后，他让我亲自把那几页纸送回去，差点还让我写检查。父亲说公家的东西烂了扔了可以，却不可以带回家。从此以后，好长一段时间我对'偷'这个字都特别敏感。"我对小刚的母亲说："现在还生父亲的气吗？"母亲说："有点！我觉得他一生谨小慎微，做人做得很累，结果是什么都不讨好。"

外强中干

我说："如果小刚是你，他会怎样干？""他肯定会撒谎说画报是别人送他的，跟公家无关，父亲也搞不清。"小刚插嘴说："我拿别人的东西，并不是想要，而是要惩罚他们，谁叫他们瞧我不顺眼，我让他们着急，事后再还给他们。"我对小刚说："其实，你是特别胆小怕事的人，要不你怎么会带把菜刀去壮胆！"小刚明亮的眼睛一下暗淡了许多。我接着说："我觉得你特别孤独，不然你就不会老在意别人怎么看你！"小刚的脸也开始沉下来。我又说："我还知道，你特别恨自己，一点都不快乐，干点坏事心里会好受一些。"小刚把头低下了，我继续说："其实，我猜你小的时候，你父亲老叫你不要惹别人，免得被人欺负，你那样做了但一点都不灵，你和你父亲一样总是被大同学欺负，他们瞧你不顺眼。在很长的时间里，你都挺害怕与同学交往，你觉得不安全，父亲又不能理解你或者给你提供有效的应对方法，后来你发现只有让别人怕你，你才能战胜内心的恐惧，于是你就这样干了，干得还不错。"小刚的眼睛开始潮湿，眼泪在眼睫上悬挂着。我必须趁热打铁："我觉得你仍然是妈妈的好孩子，别人的东西坏了扔了没关系，就是不能带回家，你的确是这样做的，母亲不应该怪你，你其实做得很好。你做了许多恶作剧，只是希望大家注意到你……”小刚哭了起来，泪水从脸上滑落，整个人变得无助、弱小、让人爱怜。

及时反省自己

心理医生旨在修改孩子内心对自我的感觉，重建他的内心模式，让他对自己的恐惧坦诚。我对父母说，让小刚一个人哭一哭，我们到另外的房间。我需要父母知道，孩子的问题可能是他们儿时问题的再现，他们必须容忍自己内心的焦虑，看清楚想清楚，10岁的孩子犯什么错误都是可以理解的。对这样的个案，我个人的观点是让父母和孩子一起成长，让父母反思自己，找到内心的害怕，消除自己的情绪在孩子身上的投射。同时，让孩子有自由的空间犯那些该犯的错误，小时候犯错的孩子，长大后反倒不会再犯那些低级错误。

记红账不记黑账

有两点需要大人们注意：一是对孩子的错误不能过度处罚，批评要注意方法，不能让孩子心里留下创伤，因为一旦创伤形成，孩子的人格发展会受到阻碍；二是对孩子的错误不能过度保护，要让他有挫折体验，过度保护的结果是让孩子无法从错误中获得经验。小时候该犯的错误没犯，长大了也许会犯大错误。在接下来的日子里，我一直让小刚的父母坚持记红账，小刚做好事、学习好、表现出色的时候，父母给予表扬和奖励；犯错误的时候予以理解；父母有意无意地忽视他的缺点，夸大他的优点，在他五年级的时候，小刚获得学校颁发的最快进步奖。

身心症状有时只是为了安全

霍莉钦的故事

接受培训时，德国老师西蒙要我们学习编故事，说只有会讲故事的人才能算是合格的家庭治疗师。一次模拟训练中，有个组员即兴编了一个故事，说："有一个鸡妈妈生了12个鸡蛋，经过一个月悉心照料和孵养，可爱的小鸡一只接一只破壳而出，它们小心翼翼地伸展开幼小的翅膀，跟在母亲的身后打量这个完全陌生的世界。有一只小鸡却依然留在蛋壳里，它用嘴在蛋壳上磕了一个洞，伸出头来小心观察，它感觉到很兴奋，想挤出身子跟上哥哥姐姐们，但一丝恐惧从内心浮起。它想：'我安全吗？'然后它又想：'我为什么会恐惧呢？我的哥哥姐姐好像并不害怕呀，我会不会不正常？'于是，它决定等内心的恐惧消失了再出去。小鸡在母亲的带领下，到草丛中找吃的，在阳光下捉迷藏，叽叽喳喳地欢闹着。蛋壳里的小鸡有些待不住了，它多么羡慕哥哥姐姐呀！这时候，天上飞过了一只老鹰，母鸡警觉地叫起来，小鸡们惊慌地四处躲藏，蛋壳里的小鸡觉得自己比起哥哥姐姐来要安全许多，于是它觉得还要再等等看。母亲发现了它，问：‘孩子，你看外面的天空多么蓝，鲜花盛开，快出来吧！’哥哥姐姐们也来邀请它参加集体游戏，蛋壳里的小鸡说：‘是的，我正在努力，但恐惧控制了我，我做不了决定。’这时，恐惧的表情真正浮现出来。母鸡叹了一口气，离开去找虫子来喂它。蛋壳里的小鸡一天天长大，蛋壳限制着它，它的身子在里面非常不舒服，为了获得安全感，它只能坚持着。当蛋壳被撑破的时候，蛋壳里的小鸡感觉世界末日到了，恐惧驱赶着它，它需要立即为自己找到新的避难所，蓝色的天空和鲜花盛开的草地在它看来危机四伏。可是，在哪儿能找到它的壳呢？”

躲在“壳”里的苏苏

在家庭治疗中我们很容易看到，父母亲无意识地帮孩子们寻找这样或那样“心理的壳”。孩子有了一个心理问题或者行为症状，父母亲就加倍地关照他，使他躲在疾病的“壳”里不想出来。有个女孩叫苏苏，20岁，说话还跟小孩子似的，测她的心理年龄也只有12岁。苏苏小的时候非常乖，懂事。在她两岁以前，父母亲都忙于工作，把她托付给姥姥，所以她到5岁跟父亲还像陌生人。7岁上小学时她被接回自己家，父母在单位已经有些成就，希望补偿给苏苏一些早该给予的关爱。和姥姥睡惯了的苏苏害怕单独睡，母亲就来陪她；胆子小不敢过马路，父亲每天早送晚接。小学的6年里，苏苏非常争气，后来被保送到市重点中学。中考对她来说也是小菜一碟，很轻松地她就上了重点高中。问题出在高二的时候，苏苏申请加入共青团，作为组织要求，苏苏要过批评与自我批评这一关，自我感觉良好的苏苏没想到同学们给她提出的意见还真不少，尤其是说她“缺乏友爱精神，不关心其他同学”这条意见让她如鲠在喉。她突然觉得自己在人群中是一个陌生人，没有安全感。潜意识中她早年的经历被激活：突然与亲密依恋的母亲分开，到江西姥姥家生活在一群陌生人中，也曾有过类似的恐惧感。服从、听话、逆来顺受是那时的心理防御方式，这样的态度很快赢得老家亲戚们的喜欢……。苏苏并不知道她的潜意识为她做了一番分析，她只是不自觉地开始讨好别人，服从同学和老师的意志，再不敢张扬，连入团申请也要回来了。但情况并没有好转，她越关注人际关系，越觉得人际关系困难重重，以致心情不好头就疼，不停地要求休病假，学习明显退步，从年级前30名直退到年级280多名。父母深感忧虑，不得不全方位地给心爱的女儿关心与照顾。苏苏心理医生看了不少，医院住了大半年，抗抑郁的药也吃了很多，断断续续地上着学，高考成绩自然不理想，勉强上了一个普通大学，专业也不理想，最终还是没有毕业。苏苏的年龄一天天增大，心理能力却在一天天退化，对父母的要求也越来越多，离开一步都不行。父母一有怨言，苏苏的头疼就加剧，绝望时自杀已有两三回……

别为孩子贴标签

在诊室里我跟苏苏讲了前面的故事，我说："你和蛋壳里的小鸡不同，它是不想出来，你是出来后还想回去！"苏苏幽默地说："我要回去，还不把那蛋壳给撑碎了。"我笑着说："身子是进不去了，破成两半的蛋壳刚好可以遮住眼睛，眼不见心不烦嘛。"苏苏说："可我什么都看得见，我知道父母已经很烦我，讨厌我，但不敢承认。小时候他们不爱我，把我扔给姥姥……"要帮助苏苏的确有很长的路要走，首先，我要处理苏苏被医院做出的诊断，如抑郁症、边缘性人格、分裂样思维等，这些诊断在医学角度上看是不错的，但对苏苏的身心症状却无丝毫帮助。这些诊断犹如一个个标签，限制着苏苏对自己的感觉，反倒给她提供了一个又一个可以与现实隔离的"蛋壳"，有了这些诊断做武装，苏苏真是打遍"天下"无敌手。

去除标签

我需要解除她的"武装"，让她回到一个自然人的状态，把她的问题归结为她的内心需要。我建议苏苏从 12 岁开始重新生活，我和她游戏似的构想一个 12 岁的女孩要怎么说话、怎么行为。我建议她每个月长大一岁，苏苏说她等不及，想一周就长一岁。我对苏苏说："你可以决定你自己成长的速度，但在 12 岁，你要解决好两个问题。一是学会与父母分离，十件事只能告诉父母五件事，有五件事要自己解决，另外还要与母亲分房睡觉。二是喂养一个小动物，写观察日记，并记录与小动物在一起的好心境。"苏苏愉快地答应了，日子飞快地过去了。苏苏的"功课"随着她的心理成长不断地改变着，有时苏苏的进步神速，连我都感觉吃惊不小，有时又非常挫败，使我萌生退意。还好两年多来，苏苏回到大学补完了学业，并找到人生第一份工作，到一个会计师事务所做助理。昨天，苏苏还在我的电子信箱里留了一句话：我现在发现，让自己变小是有很多益处的，至少你不用承担责任，只可惜找不到那么大的蛋壳！

关注是一种强化

对有蜘蛛恐惧的人来说，蜘蛛无处不在

精神世界是一个很奇怪的东西，你注意不到的东西，它似乎就不存在。例如，害怕蜘蛛的人，总是在不经意间发现蜘蛛，引发内心的恐惧体验。这是一种精神关注，关注是一种强化，会使一个普通的情绪症结变得泛化。又如，每个人在考试前都会有焦虑反应，许多人无意识地接受这种焦虑，认为它们是自然存在的，是考试前的一种情绪状态，这样的人注意力一定不在焦虑上，一旦进入考场展开试卷，焦虑的情绪就悄然退去。而另有一些人，无意识中讨厌这种情绪体验，认为考前的焦虑反应是不自然的，甚至是病态的，他要努力纠正或者克服这种情绪，这就形成一种很强的精神关注，结果是把焦虑搞得很大，就像在内心摆开了战场。很多大考前的学生都想到我这里来讨经验，希望有什么灵丹妙药使自己在考试期间能精神放松，我对他们说："如果你真正做到放松，考试反倒会受影响。"事实上，紧张的状态是一个意识缩窄的状态，利于屏蔽无关信息，集中心智，类似大智若愚的状态，而放松却一定会注意力涣散，受各种信息的影响。

紧张有时只是我们的遁词

许多考生会说考得不好是自己紧张引起的，我觉得在这个世界上，一件事与另一件事有时并没有真正的连带关系或者因果关系，但如果我们坚信它们是相关的，我们常常就可以发现相关的证据。考试前的失眠、焦虑，考试中的噪声、不舒服的座椅，你认为它们会妨碍你考试时的水平发挥，它就真能形影不离地蚕食你的精力、消耗你的智慧、磨灭你的斗志，直到你的考试成绩变得惨不忍睹。如果你认为考试前人人都会失眠、人人都会焦虑，考场中总会有许许多多的噪声，它们与你考试的结果并无太大的关系，结果失眠、紧张、噪声便真的不怎么来影响你了。

表扬和批评都是强化

我在学校做讲座时经常会说，好学生可以通过强化培养出来，表扬他的优点，及时地鼓励和夸奖他，让他在学习这个行为上得到奖赏和内心满足，他会无意识地喜欢上学习（寻求满足），学习自然就好起来。差学生也是被老师关注出来的，一个学生总被老师指出在学习上有这样或那样的问题，他在学习或一些正性行为上得不到及时的奖励，反倒是不愉快的批评很多，慢慢就会讨厌学习（逃避苦恼），自然也就成不了好学生。不恰当的批评会把一些小问题搞成大问题。

秀秀的口吃

我在诊室里见过一个 18 岁的女孩，很秀气，也很漂亮，我们叫她秀秀。她的问题是口吃，但她的口吃很奇怪，在陌生人面前不口吃，等你跟她混得有点熟，她的口吃就出现了。口吃引发了她的自卑，学习动力不足，人际关系也不好。不过，第一次来看门诊时，秀秀说话虽然有些慢，但口齿却很清晰，没有口吃患者那些典型的症状，如停顿与重复。我开玩笑地对秀秀说："你总得做出些口吃的样子，来让我知道你是一个真正的口吃病人。"或者我会说："秀秀，我如何对你，会让你紧张得出现口吃现象？"秀秀总是不回答，但还是一遍一遍地来看我，她说在我这儿，说话特别轻松，这个感觉可真好。我对秀秀说："你在谁的面前，口吃最厉害？"秀秀说是母亲。

家庭的故事

秀秀是大专一年级学生，学习市场管理，母亲是一个中学教师，为人很严肃刻板，父亲个性怯懦，家里是母亲说了算。秀秀从小都是由母亲来教育的，说到母亲，秀秀的脸上卷起一道道乌云。我打电话约母亲前来门诊，当母女坐在我的面前时，秀秀真的变成了一个口吃的病人，她说话很紧张，语言尽可能短，说长句子时会出现停顿。最后秀秀紧闭着嘴，不再说话，只是点头或发出单音来应对我的提问。母亲对我说，秀秀在 5 岁时出现口吃，做母亲的她真费了不少心，每天都要强迫秀秀做发音训练，强迫秀秀必须口齿清晰地说话。有一次，为了纠正一个句子，秀秀被迫练习了 10 个小时。当然，医生已看了不少，花了不少钱，秀秀也受了不少罪，结果是口吃时好时坏，母女关系越来越糟糕。

口吃恐惧

我对母亲说，秀秀不是口吃病人，而是口吃恐惧，是因为害怕口吃而口吃。母亲很歉然地说：“其实我后来也知道，但积重难返，每当看到秀秀说话时脸红筋涨的样子，我心里就急，脾气也大。”说着说着，母亲的眼泪就落了下来，一直不愿说话的秀秀突然开口说了声：“妈，我不怪你！”然后拿出纸巾递给母亲。我想这正好是让秀秀突破内心禁忌最好的时机。我对秀秀说：“你只是害怕说不好，其实你的语言表达能力是很强的，现在你可以慢慢地开口说话！”秀秀努力地张开了口，语言像小河水般慢慢地流淌出来，没有再出现停顿与重复，她的母亲非常惊讶地注视着她……。秀秀的口吃，在心理医生看来就是不当强化的结果。孩子小的时候构音系统、语言理解和表达系统都不太完善，出现口吃或在紧张的情形下说不出话都是非常自然的现象，如果父母过度关注这些问题，问题就在无形中被放大了，像滚雪球越滚越大，直到形成真正的疾病。

代币疗法

代币疗法

家庭治疗有时会引用行为医学中的理论，通过条件化来改变孩子的行为，比较常用的是一种代币疗法。父母为了培养孩子的某个行为，发现孩子有这种行为时就给他一个棋子，并告诉他，当他攒够了多少个棋子，他就可以得到一件他梦想得到的东西。我曾遇到一个不愿意好好说话的女孩子，4 岁，她能听懂所有的语言，却不愿意模仿着表达，说话时语音也含混不清，着实让她的父母着急上火，医生看了不少，但办法一点也没有。我建议父母给孩子实行代币疗法。首先，当她好好说话时，父母就在她的小盒子里放一个围棋子，并告诉她，如果盒子里有了五个围棋子，她可以得到一个梦想的礼物。孩子很快喜欢上这个游戏，主动说话越来越多，构音也越来越清晰。两个月以后，父母要求她保持小手干净来获得奖赏，不到两周，小花猫似的脸和小黑手从此变得洁净。

淘气的贝贝

当然，代币疗法并非一试就灵。有一个小男孩，5 岁，刚上幼儿园，我们叫他贝贝。贝贝的确有些淘气，从小在姥姥家长大，整天有姥姥姥爷陪着，像个小皇帝。父母工作很忙，希望让贝贝上幼儿园，但姥姥姥爷舍不得。眼看就要到上小学的年龄，父母要贝贝学习如何与同龄小朋友相处，姥姥姥爷只得放手，让贝贝走进幼儿园。贝贝其实一直很渴望与同龄孩子玩，但过去总是没有机会，由于姥姥 24 小时的贴身看护，小朋友都不怎么爱搭理他，让他很郁闷。到了幼儿园，一下子见了二十来个同学，他乐开了花。没有姥姥的控制，贝贝满可以随心所欲，但小朋友还是不怎么搭理他，因为他是一个插班生，大家对他很陌生。贝贝不管这些，见一个就缠着一个玩，更糟糕的是不管对方是男孩女孩，他都喜欢去搂对方的脖子，要不就用手摸对方的脸，或者用手指戳戳小朋友的身体，让其他的孩子很不开心。老师当然要来制止，但贝贝满不在乎，在他看来，妈妈姥姥喜欢他，会搂他摸他，他喜欢别的孩子，自然也是可以搂可以摸的。

小问题变成大麻烦

慢慢地，孩子们都躲着他，女孩子们的家长都认为贝贝有点“色”，是班上不可救药的捣蛋鬼。家长到老师那儿请愿，要求幼儿园拒绝贝贝插班，幼儿园感到很为难，让贝贝父母带贝贝去看心理医生。在我的诊室里，贝贝还算老实，也很乖，看来我不是他喜欢的类型。我问贝贝一些问题，他回答得很爽快，也很切题，心智看来是没有问题的。当问他喜不喜欢幼儿园时，他的一双眼睛中透出一些忧郁，他扭头问妈妈："我能去幼儿园吗？"妈妈狡猾地说："医生说能就能。"我问母亲有没有贝贝小时候在家里的录像资料，母亲想了想说有。

贝贝的社交模式

第二次门诊，在母亲带来的录像带中，我们发现这样的情景：贝贝的姥姥给贝贝养了一只小白兔，小兔特别怕贝贝，看到他就要往沙发后躲，贝贝要跟它玩就只能紧紧地搂着它，搂着还不行，兔子一动都不动，让贝贝觉得无聊，得用手摸它、用手指戳它，兔子才会对贝贝有反应。这让我们意识到，原来贝贝的社交模式来源于与兔子间的交往行为。我们征得幼儿园的同意，把摄像机悄悄地对准教室里的贝贝。我们发现贝贝刚开始，还孤独地一个人坐着，当有小朋友从身边走过时，他会用手去抓他，那同学就惊叫着跑起来，于是贝贝跳起身来，开始追逐他，像在家里追逐兔子一样，我们把贝贝行为的两个录像编辑起来给老师和部分孩子的家长看，他们看了后都有点乐不可支：

原来贝贝不是在欺负人，只是习惯了这种“社交”方式。

改变并非一帆风顺

现在的问题是如何帮助贝贝学会尊重别人，我和他的父母商量采用代币疗法，凡是贝贝对小朋友尊重并得到老师认可后，贝贝可以在自己的墙上插一面小红旗，当小红旗到了10面，贝贝就得到一对雪白的兔子。但不久贝贝的毛病又犯了，有两周都没有得到小红旗，他都不在乎。于是，我们分析贝贝的生活习惯，发现贝贝上床睡觉时，一定要母亲为他读一段故事，不然他就睡不着。我们告诉贝贝，你必须得了小红旗，母亲才会给你讲故事。每天晚上，贝贝就会对母亲大声叫喊：“我有小红旗，你得给我讲个好听的故事！”慢慢地，贝贝在行为强化训练下文静起来，老师和家长们都松了口气，他们可以放心地让自己的孩子和贝贝交往了。

读书笔记

李子勋经典书系
——集体亮相——

亲子家教

不想让孩子在未来被 AI 取代就读这套书

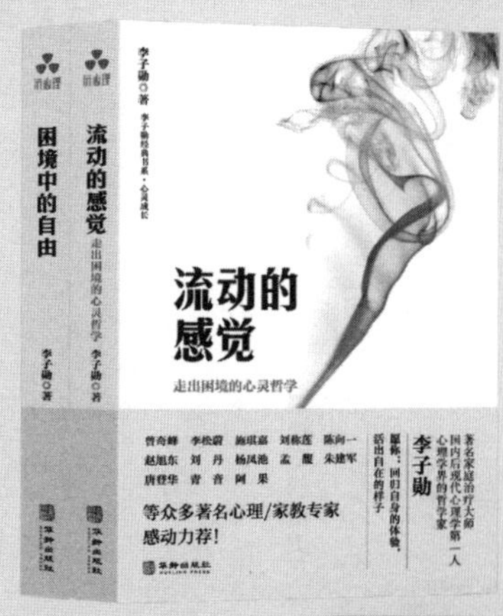

心灵成长

回归自身的体验，活出自在的样子

ISBN 978-7-5169-2488-4
定价：65.00 元

ISBN 978-7-5169-2489-1
定价：69.00 元

ISBN 978-7-5169-2494-5
定价：69.00 元

ISBN 978-7-5169-2490-7
定价：65.00 元

ISBN 978-7-5169-2487-7
定价：69.00 元

ISBN 978-7-5169-2491-4
定价：69.00 元

李子勋经典书系

——众多大咖力荐——

曾奇峰　李松蔚　施琪嘉　刘称莲　陈向一

赵旭东　刘　丹　杨凤池　孟　馥　朱建军

唐登华　青　音　阿　果

等众多著名心理/家教专家感动力荐！

著名家庭治疗大师

国内后现代心理学第一人

心理学界的哲学家

李子勋